JOURNAL

DE

L'ORPHELINE DE JAUMONT

OUVRAGES DE M. A. DE LAMOTHE

Histoire populaire de la Prusse. 1 vol. in-12. 1 fr. 50

Les Camisards, suivis des **Cadets de la Croix.** 3 vol. in-18 jésus illustrés. 6 fr. »

Les Faucheurs de la Mort. 2 vol. in-18 jésus illust. 4 fr. »

Les Martyrs de la Sibérie. 4 vol. in-18 jésus illust. 8 fr. »

Marpha. 2 beaux vol. in-18 jésus. Prix, 4 fr. »

Histoire d'une Pipe. 2 vol. in-18 jésus illustrés. 4 fr. »

Les Soirées de Constantinople. 1 fort vol. in-18 jés. 2 fr. 50

Les Mystères de Machecoul. 1 vol. in-18 jésus. 2 fr. »

Le Gaillard d'arrière de la Galathée. 1 vol. in-18 jésus. 2 fr. »

Légendes de tous pays. — *Les Animaux.* 1 vol. in-18 jésus, splendidement illustré; impression de grand luxe. 3 fr. »

Mémoires d'un déporté à la Guyane française. 1 volume in-18. 60 cent.

La Fée des sables. 1 beau vol. in-18 illustré. 60 cent.

Histoire complète de la Pologne, depuis ses origines jusqu'à nos jours, par C.-F. Chevé. Edition recommandée par M. A. de Lamothe comme introduction à ses *Faucheurs de la Mort.* 2 forts volumes in-18 jésus. 4 fr. »

La France des Bourbons. — *Grande et belle carte historique de la formation de la France.* 1 feuille colombier coloriée. 1 fr. 50

L'ORPHELINE DES CARRIÈRES DE JAUMONT

Roman national. — 1 fort volume in-18 jésus. Prix : **3** francs.

LE TAUREAU DES VOSGES

Roman national.— 1 volume in-18 jésus. Prix : **2** fr. **50** c.

AVENTURES D'UN ALSACIEN PRISONNIER EN ALLEMAGNE

Roman national. — 1 volume in-18 jésus. Prix : **2** francs.

L'AUBERGE DE LA MORT

Roman national. — 1 volume in-18 jésus.

JOURNAL DE L'ORPHELINE DE JAUMONT

Par Marie Marguerite, publié par M. A. de Lamothe.

1 volume in-18 jésus. Prix : **1** fr. **50** c.

Ces ouvrages seront envoyés *franco* par la poste à tous ceux qui en enverront le prix à **M. BLÉRIOT**, *éditeur*, **55, quai des Grands-Augustins, à Paris.**

Paris. — Imp. de E. Donnaud, rue Cassette, 9.

ROMANS NATIONAUX

JOURNAL

DE

L'ORPHELINE DE JAUMONT

PAR

MARIE-MARGUERITE

PUBLIÉ PAR

A. DE LAMOTHE

PARIS

CH. BLÉRIOT, LIBRAIRE-ÉDITEUR

55, QUAI DES GRANDS-AUGUSTINS, 55

JOURNAL

DE

L'ORPHELINE DE JAUMONT

Paris, 18 *septembre* 1870.

A qui donc vais-je écrire? à vous, mon père? à vous, mes sœurs? Ni à lui, ni à elles, hélas!

Nos ennemis ont rivé autour de moi le cercle de fer qui nous sépare; désormais ma pensée seule franchissant leurs épais bataillons pourra arriver jusqu'à ces bois, à ces défilés des Vosges où vous allez, mon héroïque père, défendre peut-être jusqu'à la mort le sol sacré de la patrie, ce coin de terre qu'ils veulent nous ravir et où nous sommes nés, où nous avons grandi, où nous avons joui, où nous avons pleuré, où dorment nos pères où nous voulons vivre toujours; ma pensée seule! Je ne peux lui écrire aujourd'hui, je ne le pourrai demain, je ne saurai pas s'ils sont battus encore; s'ils triomphent, je ne saurai pas ce que deviennent à Lyon Louise et Marie; Louise si aimante et si dévouée, Marie si vive et si bonne; pauvre enfant! que sa vie s'ouvre sous de douloureux auspices! Heureusement elles ont entre elles le petit Fritz qui les occupera et les distraira forcément. Elles ne seront pas comme moi seules, entièrement seules. Seule! dans le silence de ma chambre ce mot me fait presque frissonner. Et cependant telle devait être ma destinée d'orpheline, telle elle aurait été si Dieu, lorsqu'il me prit mon vrai père et avec lui tout ce que j'aimais, tout ce qui m'aimait, ne m'en eût donné un second et toute une famille qui m'ouvrit à la fois sa maison et son cœur. Comme cette nouvelle tendresse, comme ces nouveaux liens m'entourèrent, trop étroitement peut-être, trop délicieusement sans doute, car celui qui m'avait ménagé cet asile bien-aimé a brisé déjà deux anneaux de cette chaîne : celui que j'aimais comme mon frère a scellé de son sang son dévouement à la France ; celle que j'appelais ma mère, brisée par ce coup cruel, s'est envolée au ciel. Il a fallu nous arracher aussi à notre Sainte-Marie-des-Chênes ou plutôt à ce qui fut Sainte-Marie. Pauvre Sainte-Marie ! Les Prussiens en ont pillé et brutalement chassé les habitants. Tous séparés ! tous dévorés d'inquiétude les uns pour les autres. J'ai bien Georges ici ; mais dans ce grand Paris, comme on est éloigné souvent, qui me dira heure par heure où il est, ce qu'il fait ? Peut-être un jour il sera blessé et je ne le saurai pas, je ne pourrai étancher son sang, bander sa plaie. Mon Dieu, prenez pitié de moi, apprenez-moi à souffrir, car je ne sais si c'est la solitude, ce mal que je ne connaissais pas, qui me remplit de cette terreur ; mais il me semble que nous ne sommes encore qu'au commencement de nos douleurs, qu'au premier acte d'un drame affreux. Pourtant que de sang et de larmes ont déjà coulé ! Certes je ne vous dirais pas, je ne vous écrirais pas ces choses, mon brave père, mon enthousiaste Georges, mes sœurs chéries, mais nul de vous ne verra ces petites pages que je brûlerai demain après les avoir relues ; je peux donc bien laisser couler ici un peu de cette amertume qui déborde de tout mon être, je ne confie qu'à moi-même cette défaillance de mon courage, cet envahissement de ma douleur, et mieux vaut encore après tout que je ne m'y livre pas davantage. Il faut prier, puis tâcher de s'endormir, car il est bien tard. Dieu vous garde, mon père. Louise, Marie, Fritz, Georges, bonsoir.

19 *septembre.*

Je viens de relire ces lignes écrites hier soir avant de me coucher. Eh bien! non, je ne les brûlerai pas à la flamme de ma bougie. Même pendant qu'elles passaient sous mes yeux, je me suis senti le désir, ne pourrais-je pas dire le besoin d'ajouter à mes pensées d'hier mes pensées d'aujourd'hui. Heureusement elles ont une teinte moins sombre. Pour excuser mon abattement, je lui cherche des causes; n'en a-t-il pas, hélas! dans l'isolement où m'a laissé le départ de mon père, l'enrôlement de Georges parmi les volontaires Bretons, l'inquiétude que j'éprouve pour l'un et l'autre? Tout cela joint au malheur de la patrie ne pouvait-il suffire à m'accabler? Rien de tout cela ne date d'hier, il est vrai, mais jusqu'à hier, j'avais été constamment occupée, non-seulement lorsque j'étais encore à Sainte-Marie, mais aussi depuis que je suis dans ce Paris que je ne me croyais pas destinée à connaître au moins de longtemps. Tant qu'ils ont été là, près de moi, j'ai vécu, j'ai travaillé pour eux, j'avais mille diversions forcées; puis lorsqu'il y a trois jours mon père est parti pour les Vosges, avec notre bon Guillaume et Sultan, qui lui aussi s'ennuyait à Paris, je me suis mise à chercher un logement : mais hier soir elle était trouvée, ma pauvre petite chambre au cinquième, j'étais seule, complétement seule et oisive; alors tout ce que j'avais refoulé en moi de douleurs, d'angoisses, a rompu sa digue et envahi mon cœur. Qu'était donc devenu ce que ceux qui m'aiment appellent mon courage, ce que je nomme, moi, la grâce par laquelle Dieu m'a déjà soutenue dans bien des épreuves? Je n'y étais pas fidèle sans doute et je défaillais.

Cependant j'ai prié, la force d'en haut m'a relevée, et ce matin en me réveillant dans cette maison dont nul habitant ne sait mon mon, je n'ai pas frissonné; j'étais moins inquiète pour nos chers absents, pour notre bien-aimée patrie.

20 *septembre.*

Hier j'ai écrit presque à mon réveil la page qui précède. Oh! que j'étais loin de savoir ce qui se passait alors! mon ignorance n'a pas été longue. Vers midi, des cris poussés sous ma fenêtre m'ont fait pressentir un malheur; je suis aussitôt descendue dans la rue à la recherche de la nouvelle qui circulait et remplissait Paris de terreur et de désespoir. Je l'ai parcouru ce Paris presque tout le reste de la journée; c'était un tumulte effroyable, une indignation qui allait jusqu'à la rage; on disait que vingt mille de nos soldats avaient été détruits par cent mille Prussiens près de Clamart, que l'armée tout entière avait jeté ses armes, que dans quelques heures les ennemis victorieux entreraient dans Paris; et, comme pour confirmer ces affreuses nouvelles, des fuyards arrivaient, des hommes auxquels avait été donnée la glorieuse mission de combattre jusqu'à la mort pour la France, de sauver au moins son honneur et qui avaient honteusement tourné le dos à l'ennemi, à l'envahisseur. O France! je pleurais pour toi, je rougissais pour toi, je cachais mon front dans mes mains, ne pouvant soutenir tant de douleur, tant de honte. Et Georges? Georges était-il là? Oh! lui du moins il n'avait pas fui, j'en étais sûre, mais alors il était mort et il faudrait encore que j'apprisse à son père qu'il avait donné ses deux fils pour la France, qu'ils avaient tous les deux péri pour elle. Je ne pouvais plus marcher, je ne pouvais plus interroger la foule; je suis entrée dans une église et, prosternée à l'ombre d'un pilier, j'ai pleuré librement, j'ai prié, je suis restée là jusqu'à la nuit. Quand je suis sortie de la maison de Dieu, la foule était toujours immense, épouvantée, irritée; elle croyait à l'attaque pour la nuit. L'attaque n'a pas eu lieu cependant et aujourd'hui j'ai pu avoir quelques détails, savoir enfin la vérité.

Nous avons combattu à Châtillon. Non, il n'est pas vrai que l'armée française se soit déshonorée tout entière; loin de là, une grande partie de nos troupes a bravement fait son devoir, et les Prussiens ont payé cher leur triomphe. Cette journée n'est pas un désastre, mais un insuccès. Les mobiles bretons ont été admirables; malheureusement leur belle conduite n'a pas été universellement imitée et, saisis d'une panique, causée, dit-on, par quelques obus, qui, en tombant derrière eux, leur firent croire à un de ces mouvements tournants qui entrent si fort dans la stratégie de M. de Moltke, quelques-uns de nos soldats ont jeté le cri de : sauve qui peut! et se sont débandés, faute dont nos ennemis n'ont que trop profité. Oh! que le peuple français, le peuple parisien surtout, est donc prompt à se décourager! Avant-hier, pour rien au monde, je parle de la majorité, il n'eût voulu entendre parler de la paix; aujourd'hui une grande partie déclare que continuer la lutte est une folie. La paix! ah! si elle était possible! et quelque dur qu'il fût pour notre patriotisme de la signer après tant de défaites, nous devrions l'accepter, mais quel en serait donc le prix? Avec quelle impatience j'attends Georges! et cependant, Dieu merci, je ne tremble plus pour lui.

22 septembre.

Georges est venu aujourd'hui. J'étais assise près de ma fenêtre et je travaillais. Il s'est assi vis-à-vis de moi et nous avons quelque temps causé de notre père, de nos sœurs, puis de la défense. Notre défaite de Châtillon ne lui a pas enlevé sa confiance dans le succès final. Comme il est bon, brave, loyal, mon frère Georges, et aussi comme son uniforme de volontaire breton va bien à sa taille jeune et élancée. Je suis toute fière d'avoir si bien coupé sa veste; une ouvrière n'eût pas mieux fait, il me semble; j'en suis plus que fière, j'en suis heureuse, car il y aura sans doute beaucoup à travailler pour nos soldats; je pourrai donc être utile. En attendant un plan qu'il m'a promis, Georges m'en a crayonné un de mémoire, et un peu au hasard sur une feuille de papier. Quelque imparfait qu'il soit, ce dessin m'a donné une idée des fortifications de Paris, d'autant qu'à côté des ligues sont des chiffres explicatifs. Quels chiffres! trente-six kilomètres de circonférence pour l'enceinte et quatre-vingt-quatorze bastions; prise au centre des seize forts détachés qui forment la seconde couronne défensive de Paris et protégent son enceinte, la ligne qu'on peut y supposer dépasse cent kilomètres. Mon brave frère me disait cela, m'écrivait cela, le front rayonnant; moi aussi je sentais en l'écoutant battre mon cœur et cependant je me rappelais bien ce que j'ai entendu plusieurs fois répéter à mon père, ce que j'ai compris: que ces fortifications sont loin d'être en état de défense, qu'il faudrai bien des mois de travail pour les mettre en mesure de résister efficacement, d'autant que, remontant à une trentaine d'années, elles sont fort en arrière des tristes progrès accomplis par l'artillerie moderne et que, sans que leurs canons aient à les franchir, les Allemands pourront faire tomber leurs obus jusqu'au centre de Paris. Le feront-ils? vont-ils commencer le bombardement? faire venir ces formidables canons Krupp, dont on a tant parlé lors de l'Exposition universelle où ils ne parurent qu'un objet de curiosité? On dit qu'ils peuvent porter jusqu'à dix et douze mille mètres; vont-ils donner l'assaut? c'est ce que voudrait Georges, persuadé que ce serait pour eux l'occasion d'un double échec, échec matériel, échec moral, ce qui serait aussi pour nous une double victoire; en serait-il ainsi? Peut-être si tous ces hommes qui portent l'uniforme ou tout au moins le képi avaient son enthousiaste amour de la patrie, l'indomptable courage de ces mobiles et de ces volontaires de la Bretagne si dignes de leurs pères les géants; peut-être, si l'héroïsme était partout, si l'héroïsme peut suffire; moi j'aimerais mieux, quelque poignante que soit l'attente dans la situation où nous sommes, qu'ils se contentassent pour le moment de nous bloquer et nous laissassent ainsi le temps de nous préparer à la lutte. Mais en général on ne croit pas qu'ils veuillent s'en tenir au blocus et tout le monde prédit une violente et très-prochaine attaque.

23 *septembre*.

Je n'avais pu écrire avant-hier au soir, j'aurais volontiers écrit plus longuement hier, si je n'avais tenu à lire dans le journal que Georges m'a prêté tout exprès la note de M. Jules Favre rendant compte à ses collègues du gouvernement de la défense, et encore plus peut-être au pays, des négociations poursuivies pendant trois jours entre lui et M. de Bismarck, auquel il était allé demander quelles seraient les conditions de paix ou tout au moins d'armistice. Oh! qu'il est dur, hautain, notre ennemi; qu'il abuse cruellement de sa victoire! Ce qu'il lui faudrait, ce serait le démembrement de notre pays, ce qui mettrait le comble à ses vœux, ce serait d'arracher à la France une partie de ses enfants les plus fidèles; rien que pour nous accorder un armistice qui faciliterait la convocation d'une assemblée nationale, entre les mains de laquelle serait remise la destinée de la France; il veut, et le roi Guillaume veut aussi, dit-il, que la garnison de Strasbourg soit prisonnière. La ville, d'ailleurs, va tomber dans leurs mains, à ce qu'il assure. Est-ce vrai?

O malheureux et héroïque Strasbourg, ce n'est pas assez des horreurs de ce bombardement dans lequel périssent les plus innocentes victimes, de la destruction de tes monuments! et toutes tes souffrances, tout ce sang que tu verses ne te sauveront pas! Pauvre Strasbourg! Chaque fois que je passe devant ta statue couverte de tant de drapeaux, de tant de couronnes, de tant de fleurs, je m'arrête, je te regarde longtemps parfois. Depuis que tu combats si vaillamment, que de regards se sont ainsi levés vers ton image! que de noms ont été inscrits sur ce registre déposé à tes pieds! que d'inscriptions ont été tracées sur ton piédestal! Bien des chants ont aussi retenti autour de la gigantesque statue. La *Marseillaise*! pourquoi donc toujours cette *Marseillaise* qui rappelle les plus mauvais jours de notre histoire, qui a été chantée au pied des échafauds où coulait et se mêlait le sang de la noblesse et le sang du peuple, le sang le plus pur qui fût en France. Je savais bien déjà que toute négociation entre le nouveau ministre des affaires étrangères et M. de Bismarck avait été rompue; cependant j'ai relu deux fois la note officielle; je savais bien que nos insolents vainqueurs voulaient nous arracher notre frontière de l'Est, et pourtant l'exposé de ces monstrueuses prétentions a jeté en moi un tel trouble, une telle douleur, que je n'ai pu dormir cette nuit. Pauvre Alsace! pauvre Lorraine! oh! comme vous aimez la France! Elle vous aime sans doute, elle luttera pour vous jusqu'à la dernière goutte de son sang. Quoi! on ferait de nous des Prussiens! Je ne sais comment je puis tracer une telle ligne, mais ce n'est qu'en frémissant, et j'ai besoin de me dire que c'est impossible, que c'est là le rêve d'une ambition insensée, que cela n'arrivera jamais.

29 *septembre.*

J'ai enfin été admise dans les ambulances et chaque soir, depuis quelques jours, lorsque, quittant nos blessés, je rentrais dans ma petite chambre, j'ai été si occupée que je n'ai pu trouver le temps d'écrire, ce qui m'a contrariée; je me suis fait bien vite une douce habitude de confier à ces pages, sur lesquelles ne tombe aucun autre regard que le mien, quelques-unes de mes craintes, de mes espérances. Aujourd'hui est la fête de saint Michel, le patron de la France. O glorieux archange, que votre épée la défende, que votre intercession lui obtienne la victoire! Un de nos chers malades s'appelle Michel, il m'a dit ce matin. « Les années sont comme les jours, mademoiselle, elles se suivent et ne se ressemblent pas; je l'ai passé si gaiement, l'année dernière, ce jour de ma fête! Que nous étions loin de prévoir alors la centième partie des malheurs qui nous accablent. Après ceux de la France, ce qui m'afflige le plus, c'est l'inquiétude dans laquelle est ma pauvre mère; oh! que c'est cruel de ne pouvoir lui envoyer un mot, un seul, de ne rien savoir d'aucun de ceux que l'on aime. » Oui c'est bien cruel! Où êtes-vous, mon père adoptif? Que devenez-vous, mes chères sœurs? Que se passe-t-il dans toute cette France vers laquelle se tendent nos bras et nos cœurs, qui sans doute se lève et va venir à notre secours? Que se passe-t-il en Europe? Les puissances étrangères ne feront-elles rien pour nous? Hélas! elles ont peur et horreur de ce mot de république qu'on a si imprudemment au moins accolé au nom de notre patrie, puis elles sont égoïstes, comme nous l'avons été. J'espère peu d'elles.

30 *septembre*.

La maison que j'habite est vieille et je m'en réjouis; ses murs, ses cloisons sont moins minces que dans la plupart des constructions modernes, où l'on ne peut faire un pas, élever la voix sans être entendu par ses voisins.

Seule et inconnue, ce qui est triste, profondément triste, j'aime mieux le silence qui me permet de penser, d'écrire, de prier, sans distraction venue de ce qui m'entoure, que ce bruit qui me troublerait vainement, qui, sans m'apporter aucun secours, m'arracherait à mes occupations, à mon recueillement. Cet ennui, je ne l'ai pas, et le soir, lorsque les rumeurs de la rue s'apaisent, que je prends ma plume ou mon chapelet, je peux entendre sans perdre un seul de ses battements réguliers, le tic-tic de ma montre, posée sur ma table ou ma cheminée. Cependant, si j'en juge par bien des indices, un ménage, ménage d'ouvriers probablement, habite près de moi.

Des pas d'enfants, des cris d'enfants, une voix d'homme, une fraîche voix qui doit être celle de la jeune mère, traversent parfois de leurs bruits divers le mur qui nous sépare; ce matin j'ai entendu répéter plusieurs fois le nom de Louise. Puissance de l'affection que les inquiétudes, la séparation telle que nous ne la connaissions pas, rendent plus agissante sinon plus profonde; depuis que je l'ai entendu, ce nom de ma sœur adoptive, quelque chose en moi va vers ces inconnus; je pense qu'eux aussi ils souffrent, et qui ne souffre aujourd'hui en France, à Paris? Je les plains sans savoir quelle est la part de leurs douleurs, je me demande si cette femme, cette mère n'a besoin de personne pour essuyer ses larmes peut-être bien amères ; enfin je souhaite, ce qui ne m'est point arrivé encore, de la rencontrer dans l'escalier. Le temps continue à être ordinairement beau, un gai soleil brille au-dessus de nos têtes et nous donne je ne sais quelle prédisposition à l'espérance ; l'espérance au milieu de toutes nos douleurs, c'est le seul bien qui nous reste, après Dieu, qui ne saurait nous abandonner même quand tout serait perdu, tout, même l'espérance.

3 *octobre.*

Je commence à m'habituer à ma chambre. Ce n'est pas encore une amie, ce n'est plus tout à fait une étrangère. La nudité de ses murs ne me serre plus autant le cœur. Il y a bien toujours du vide, beaucoup de vide autour de moi, car un lit étroit, cette table sur laquelle j'écris, deux chaises : voilà tout l'ameublement ; mais au-dessus de ce lit j'ai appendu un bénitier, orné d'un tout petit médaillon représentant le Calvaire, et quand j'ouvre ma porte, mon premier regard va tout naturellement à ma cheminée sur laquelle j'ai placé une statuette de la Vierge Immaculée et trois photographies. L'une encadrée et déjà un peu ancienne est un groupe : toute la famille Schültz, son vénérable chef, ma mère, Louise avant son mariage, Georges, Marie encore enfant sont là ; Frédéric seul manque, il était à l'armée lorsque fut fait ce groupe. Heureusement en arrivant au mois de mai dernier, il a comblé cette lacune en faisant faire à Metz une douzaine de cartes dont une m'est restée. Elle est à droite de la sainte Vierge ; Georges, dans son uniforme de volontaire breton, est à gauche. Qu'ils ont bonne et fière mine, les deux frères ! Ah ! si la France avait beaucoup de pareils défenseurs !

Quand je rentre, souvent bien triste, toujours inquiète, et que ces chères images m'apparaissent, dominées par la blanche statue, un rayon d'espérance et de tendresse glisse en moi. Puis Georges est venu quelquefois ici, et un commencement de souvenirs s'est attaché déjà à cette fenêtre, où nous nous sommes en causant appuyés ensemble. Mon Dieu! que le cœur qui ne devrait chercher d'appui qu'en vous, s'accroche à toute chose! le plus souvent c'est à un brin d'herbe ou à une ronce, et c'est bien qu'il en soit ainsi; nous aimerions uniquement la terre si elle n'avait pour nous que des chaînes d'or et de fleurs, puisque nous l'aimons trop malgré les déchirures de ses épines, la fragilité de ses soutiens. Seigneur, soyez aujourd'hui, soyez toujours mon recours, ma force; soyez aussi le protecteur de tout ce que vous me permettez bien d'aimer après vous. Dans les bois des Vosges, aux remparts de Paris, soyez le bouclier de mon père et de mon frère; gardez de tout péril Louise, son petit Fritz, Marie; sauvez la France, notre bien-aimée patrie, sauvez la France!

7 *octobre*.

Nous attendons toujours l'assaut, le bombardement, rien; jusqu'à présent, le siége tourne au blocus, mais on continue à croire que ce *statu quo* ne sera pas long. Il me semble en effet que la temporisation ne peut être qu'à notre avantage, en nous donnant la possibilité d'achever nos fortifications et à la province celle d'organiser de nouvelles armées, de venir à notre secours.

Nous avons, Dieu merci, de grandes ressources en vivres : le bois de Boulogne, le Luxembourg ont été changés en parcs à bestiaux; nous ne manquerons donc pas de longtemps de viande fraîche.

Beaucoup de viande conservée, une quantité considérable de poisson salé complètent ce genre de provisions. Enfin nous possédons 300,000 quintaux de farine, sans compter celle qui existe déjà chez les boulangers et qui est, croit-on, de 200,000 quintaux. Malheureusement, les Prussiens connaissent nos ressources aussi bien que nous, peut-être mieux, et cela me laisse peu d'espoir qu'ils se contentent de nous bloquer. C blocus est cependant à lui seul une bien grande souffrance! Au-delà de ces murs, devenus ceux de notre prison, au-delà de cett armée ennemie qui étend autour de nous son inextricable réseau, que se passe-t-il? Pour repousser l'invasion étrangère, pour sauver la France, toutes les mains qui peuvent porter une arme l'ont-elles saisie? O nos compatriotes! O nos frères! Nous tendons les bras vers vous et nous ne vous voyons pas venir, nous prêtons l'oreille et nous n'entendons que le bruit des pas de nos vainqueurs. Nos vainqueurs! Espérons qu'ils ne le seront pas toujours! Il faut bien leur dônner ce nom à présent que Toul et Strasbourg ont capitulé. Pauvres villes, leur sort était inévitable; nous le savions bien, n'étant pas secourues, elles devaient être obligées de se rendre; cependant quel écho douloureux leur chute a éveillé dans mon cœur. Je craignais autour de moi un grand découragement, peut-être une explosion de désespoir, comme après l'affaire de Châtillon; ce peuple est si prompt à tomber dans l'abattement comme il s'enivre au moindre succès! C'est ainsi qu'après le combat heureux livré à Villejuif, il a cru à une grande victoire et chanté toute la matinée.

Ces petits engagements ont en réalité peu d'importance et Georges appelle de tous ses vœux une grande bataille. Aura-t-elle lieu? Ou le général Trochu veut-il d'abord aguerrir ses troupes inexpérimentées? Ni de ce qui se fait au dehors, ni de ce qui se combine au dedans, nous ne savons rien. L'événement du jour est le départ pour la province de Gambetta, qui vient de monter en ballon; on espère qu'il activera le mouvement, trop lent jusqu'ici, de ses collègues Glais-Bizoin et Crémieux. Cet avocat, qui va lui tomber des nues, sera-t-il fort utile à la France? Il me semble que mieux vaudrait, si on pouvait, lui envoyer un bon général.

8 *octobre*.

C'est bien la jeune femme qui s'appelle Louise; ce matin, un peu avant midi, j'avais entendu le pas du mari qui rentrait. Peut-être le déjeuner n'était-il pas prêt, ce que je croirais sans peine, car l'un des enfants avait pleuré presque sans interruption; toujours est-il qu'il s'est mis aussitôt à gronder, que j'ai entendu de nouveau nommer Louise et que, sans distinguer ses paroles, j'ai reconnu que c'était la douce voix de femme qui répondait. Cet homme me déplaît; hier nous avons monté l'escalier en même temps, et par intérêt pour celle qui a le même nom que ma sœur, je l'ai regardé. Il porte gauchement son uniforme de garde national, veut se donner l'air très-martial et ne paraît que fanfaron et dur; je souhaite pour notre pauvre ville assiégée, pour la France, peu de défenseurs de ce type-là. Mon cœur s'est serré, je me suis dit qu'elle devait avoir des heures pénibles, la pauvre femme que je n'avais point encore vue, mais à laquelle je m'intéressais déjà tout particulièrement; puis j'ai hâté le pas pour m'assurer que je ne me trompais pas, que c'était bien mon voisin qui me précédait de quelques marches seulement. C'était lui, il a ouvert la porte qui est à côté de la mienne et j'ai aperçu plutôt que vu, groupés près de la cheminée, les deux enfants et la mère. Elle m'a paru blonde et gracieuse; une petite fille, penchée vers le feu qui dorait son petit visage rond, regardait avec attention les apprêts du dîner; le dernier né disparaissait presque entre les genoux et le bras gauche de sa mère. Une chose m'a frappée : la blondine ne s'est pas élancée vers son père, comme cela aurait dû être, comme cela aurait été certainement, si elle était habituée à recevoir ses caresses, à grimper sur ses genoux; il n'y a même pas eu chez elle un geste de joie, un sourire; elle est demeurée immobile et attentive aux mouvements de sa mère. Oh! j'en suis sûre, cette Louise-là n'est pas heureuse. Enfin un journal nous est arrivé de la province, ne pourrais-je pas, ne devrais-je pas dire de la France? Paris, quoiqu'on ait eu la faiblesse de le lui dire, quoiqu'il ait eu l'orgueil insensé de le croire, n'est pas la France; sans cette province qu'il affecte de dédaigner, il n'est même rien ou presque rien. Comment ce journal est-il arrivé? Je ne sais pas; toujours est-il que ces nouvelles attendues dix-neuf jours avec une si fébrile impatience ne sont pas telles que nous les voudrions. L'invasion s'étend et déshonore notre malheureuse patrie, les armées que nous voudrions voir surgir ne sont pas encore debout.

Avant que tout cela se colportât dans la rue, s'imprimât dans nos journaux, le gouvernement en était-il instruit? Est-ce pour cela que M. Gambetta a quitté Paris? prétend-il organiser la défense en province? s'est-il soudainement réveillé général? ou simplement y avait-il désaccord entre les ministres? Etrange position que la nôtre! Nous ignorons non-seulement ce qui se passe au-delà de ce cercle étroit dans lequel nos ennemis nous étreignent, mais aussi ce qui se fait dans nos murs. L'air seul nous reste, l'air seul est libre; légers ballons, frêles ballons, quand le vent sera favorable vous pourrez parfois porter à la France des nouvelles de sa capitale assiégée, à nos parents, à nos amis quelques lignes tracées par nos mains.

Je vais donc pouvoir vous écrire, mon père Schültz! Mais où vous écrirais-je? Mieux vaut que j'adresse à Louise le billet qui vous dira que votre Georges est vivant, que celle que vous avez bien voulu aimer d'un amour presque paternel, tandis que vous luttez pour la patrie, soigne ceux qui versent ici leur sang pour elle. Pauvres jeunes gens, pauvres hommes, il y en a qui souffrent avec une patience chrétienne plus héroïque mille fois que le courage des champs de bataille! Ces jours derniers nous en avions deux de bien malades à l'ambulance, je suis rentrée fort tard chaque soir, ce qui m'a empêchée d'écrire; l'un d'eux est sauvé, l'autre est mort; c'était un tout jeune homme, marié depuis quinze mois et père d'une petite fille née quelques semaines avant l'investissement. J'ai écrit sous sa dictée une bien touchante lettre adressée à sa femme; essayerai-je de l'envoyer par ballon? je ne sais encore, je redoute cette voie qui ne saurait être bien sûre; c'est tout un testament, tout un trésor pour le cœur, que ces dix lignes. Aujourd'hui encore on s'est battu. O Dieu! dans ce sang qui coule, n'y en a-t-il pas d'assez pur, d'assez chrétiennement offert à votre souveraine justice, pour que votre toute-puissante miséricorde puisse enfin faire descendre sur nous le pardon?

11 octobre.

Dans cet immense camp qui est Paris, nous vivons sans cesse aux aguets, interrogeant de l'œil l'horizon, prêtant l'oreille à tous les bruits, questionnant tous les visages. Il y a longtemps sans doute que la grande cité n'avait ainsi vécu dans un unique sentiment, dans une unique pensée. Les enfants eux-mêmes sont sous l'empire de ces dévorantes préoccupations, et comme heureusement la gaieté à leur âge n'abdique jamais entièrement ses droits, ils se coiffent du képi de la garde nationale, attachent à leur ceinture un sabre, le plus grand possible, et *jouent à la guerre*. Parfois le jeu dégénère en dispute, le combat simulé en mêlée où les coups et les cris se croisent pour tout de bon; c'est ce qui est arrivé hier sur l'asphalte des Champs-Elysées où je passais, me rendant à l'ambulance.

Vendredi 14 octobre.

Voici le vingt-sixième jour du siége. Des engagements sérieux ont signalé cette semaine et depuis deux jours le canon fait rage du côté de Bagneux, Châtillon et Clamart.

Hier, dans le combat de Bagneux où les mobiles de la Côte-d'Or et de l'Aube se sont montrés d'excellents soldats, le comte de Dampierre, commandant le premier bataillon de l'Aube, est tombé frappé par les balles prussiennes au moment où, l'épée haute, il s'élançait sur l'ennemi en entraînant sa troupe au cri de : En avant! mes amis!

Il était jeune, très-riche, père de deux petits enfants, marié à une femme qu'il adorait, et il avait quitté tout pour venir défendre son pays. A Paris, où cependant il y a tant d'autres préoccupations, on ne parlait ce matin que de cette mort : elle a été sublime de courage et de résignation chrétienne.

u reste, on ne saurait trop le reconnaître, toute cette noblesse, la vraie j'entends, si souvent, si furieusement attaquée par les aboyeurs poltrons du *Rappel* et autres tambours de l'émeute, donne chaque jour d'éclatants démentis aux calomnies honteuses des écrivassiers démagogues.

Hier encore, à l'ambulance de Clamart, un jeune homme dont une balle avait traversé l'épaule et qui, pour ne pas laisser échapper une plainte pendant que le chirurgien sondait sa plaie, déchirait avec ses dents un mouchoir de fine batiste portant son chiffre surmonté d'une couronne de comte, disait à une Sœur de charité qui le félicitait de son courage :

« Que voulez-vous, ma Sœur, bon gré, mal gré, il nous faut bien en avoir, noblesse oblige; et puis d'ailleurs dans ma famille les hommes ont l'habitude de ne mourir que sur les champs de bataille. »

Aujourd'hui certains démocrates se vantent de leur noblesse de bagne, c'est là qu'ils ont commencé à porter le bonnet rouge dont ils veulent coiffer la statue de la France.

Je commence à croire que mon voisin appartient à cette catégorie de républicains; il porte le costume éclatant des fuyards de Flourens, et fait partie de cette tourbe avinée, irréligieuse, débauchée, poltronne et violente, qui entrave la défense en obligeant une partie des troupes à demeurer dans Paris pour le défendre contre les excès de ces pillards armés pour le désordre.

Saint-Cloud est en flammes depuis hier au soir; les Prussiens en avaient fait un arsenal et un poste d'observation, il a fallu l'incendier. Le Mont-Valérien a dû y envoyer des obus et des bombes.

C'est bien triste.

Je ne connaissais pas ce château, mais je savais que c'est une de nos gloires, et je l'ai pleuré comme j'ai pleuré la bibliothèque de Strasbourg; mais du moins dans cette dernière ville les Allemands ont commis le crime, ici c'est nous qui avons eu à nous résigner au sacrifice.

Malheureuse France! devons-nous donc voir périr ainsi tes plus glorieux monuments, édifices d'un passé plus heureux, souvenirs nationaux, chefs-d'œuvre de l'art national qui formiez autour du front de notre patrie une si magnifique auréole.

Le sacrifice était nécessaire; cet incendie est une œuvre patriotique. Puissent les lueurs du palais de nos rois, comme celles du Kremlin, éclairer le désastre de l'armée ennemie! puissent les neiges que les nuages de décembre vont verser sur notre sol servir de linceul à ces hordes féroces accourues des marais de la Poméranie pour le pillage et l'égorgement!

L'herbe a repoussé sous les pas du cheval d'Attila; Moscou s'est relevée de ses ruines. Pourquoi n'en serait-il pas ainsi de nos villes saccagées? Elevons nos cœurs vers le Dieu qui nous humilie parce que nous avons été superbes, et sa main cicatrisera nos plaies, nos monuments sortiront de leurs ruines avec une majesté nouvelle et notre France retrempée dans son sang le plus généreux reprendra le cours de ses glorieuses destinées.

Trois heures! Les étoiles brillent, le ciel est pur, le silence profond, la brise tiède. Quel magnifique automne! comme la nature semble en fête! Dans quelques heures le canon va gronder, les pavés résonner sous les pas des bataillons, la fusillade crépiter autour de Paris, de nouveaux incendies vont allumer leurs lueurs.

Quel contraste!

Mon Dieu, ayez pitié de nous! ayez pitié de ceux qui, à cette heure, guettent silencieusement, sur la cime de nos Vosges bien-aimées ou dans l'ombre de leurs forêts, le passage des ennemis; ayez pitié aussi de ceux qui souffrent dans nos ambulances ou qui combattent à la fois pour leur pays, leur honneur et leur religion.

17 *octobre*.

Il pleut à verse et je rentre exténuée. Rien de nouveau, pas même la physionomie de Paris, qui est toujours triste le dimanche, surtout par le mauvais temps.

En passant sur la place du Carrousel ce matin, j'ai aperçu dans le ciel gris deux points noirs que je n'aurais pas remarqués sans l'attention que leur prêtaient plusieurs personnes.

Ces deux points noirs étaient, hier au soir, deux énormes ballons qui se balançaient sur leurs ancres dans la gare d'Orléans.

Il n'y avait que quelques minutes qu'au cri de lâchez tout, ils venaient de s'envoler, emportant dans leur nacelle quatre aéronautes et près de 500 kilogrammes de lettres et de cartes-poste. Le vent semblait les pousser vers le sud-ouest, mais il paraît qu'à ces hauteurs on rencontre souvent des courants contraires qui entraînent dans des directions opposées. Dieu fasse qu'ils aient atterré en bon lieu et hors de la portée des Prussiens qui doivent enrager en les voyant passer sur leur tête!

Ces savants d'outre-Rhin se creusent le cerveau pour trouver un moyen de les arrêter au passage et ont même, dit-on, inventé un canon spécial pour envoyer un boulet dans la frêle enveloppe! Peine inutile! jusqu'à présent, leurs boulets leur étant retombés sur le nez, ils ont renoncé à brûler leur poudre aux moineaux et à saluer de leur artillerie nos porteurs de dépêches.

J'ai confié trois billets au *Jules-Favre* et au *Jean-Bart* pour nos sœurs à Lyon et pour mon bon père là où il est, c'est-à-dire dans nos chères Vosges où il chasse aux Prussiens avec Guillaume.

De mes trois lettres en arrivera-t-il une seule? Comment pourrais-je le savoir? Les ballons sortent bien de Paris, mais aucun n'y est encore revenu, malgré les promesses de tous les inventeurs de l'art de les diriger.

Quelqu'un en faisait la remarque ce matin et s'en plaignait; un gros monsieur qui l'écoutait, un savant probablement, car il portait la rosette sur un paletot d'une fraîcheur plus que douteuse, lui a répondu qu'au contraire c'était fort heureux pour nous; car, a-t-il ajouté, si l'art de l'avigation, mot que je n'avais jamais entendu prononcer, était un fait acquis à la science, les Prussiens ne manqueraient pas d'avoir autour de Paris des postes de ballons prêts à s'élancer sur les nôtres, et nous serions bloqués par air comme par terre.

Cette réflexion bien juste pourtant ne m'a pas consolée de la pensée qu'il nous était impossible de rien recevoir du dehors, de ceux que nous aimons, sur le sort desquels nous sommes inquiets, de la province dont nous attendons le secours promis et presque annoncé par une dépêche de Gambetta, parvenue je ne sais comment, et qui a causé dans Paris une indescriptible émotion.

A midi, ont eu lieu à la Madeleine les obsèques du comte de Dampierre, au milieu d'une foule de généraux et de l'élite de la société parisienne confondue avec des mobiles de tous les départements.

Sa mort n'a été que le couronnement d'une belle vie, et c'est avec une piété admirable et une résignation touchante que le blessé a reçu les derniers sacrements à l'ambulance des dominicains d'Arcueil.

Son aïeul le général de Dampierre avait déjà mérité par sa bravoure d'être enseveli au Panthéon; le petit-fils sera dit-on transporté dans sa terre de Bligny, pour y être placé dans le caveau de famille, près de sa noble et sainte femme, morte depuis deux ans. Je la croyais vivante encore. Pauvres petits orphelins, que je les plains!

Nous n'avons pas en ce moment de blessés dont l'état nous inquiète. Je suis revenue de l'ambulance un peu plus tôt qu'à l'ordinaire pour tâcher de travailler un peu à l'intention de Georges, que j'ai revu un instant ce matin et qui m'a confié en dépôt un superbe casque prussien et une médaille de Sadowa. C'est à la fois un trophée et un souvenir du combat de Bagneux.

Je comprends qu'il y tienne à ce double titre, puisqu'il a été du nombre des combattants; mais ce qui m'étonne toujours, c'est l'impudence de certains poltrons qui semblent ne prendre à tâche que de bien faire remarquer leur couardise en traînant de grands sabres et des costumes tout neufs, de café en café, ou de rue en rue, pendant que des pères de famille se font tuer dans les rangs de la mobile ou des volontaires.

J'ai un voisin de chambre, lieutenant de la garde nationale, qui ne manque pas chaque matin d'aller à la petite Bourse des équipements prussiens.

Il y a quelques jours, je le rencontrai rapportant dans son mouchoir de poche à grands carreaux un casque pointu; à la manière dont il le tenait entre ses mains, on eût dit un gourmet venant d'acheter un melon pour son déjeuner.

Je descendais l'escalier pendant qu'il le montait; il se colla poliment à l'angle du palier pour me laisser passer, car notre escalier est loin d'être large; puis au moment où je passai :

— Voyez, mamezelle, me dit-il de sa petite voix flûtée, quel beau trophée, et il me montra le casque.

C'était en effet un superbe spécimen de coiffure d'officier, et n'eût été un trou rond percé au ras de la visière que le passage de la balle avait légèrement éraillée, on eût pu le croire neuf.

A l'intérieur, la coiffe percée du même trou avait été lavée récemment, on devinait pourquoi.

Le contraste entre l'idée de combat qu'éveillait la vue de cet objet et la chétive apparence de celui qui me les montrait me fit, sans que j'y prisse garde, échapper une question ironique au sujet de la provenance du casque.

— Je l'ai acheté à la petite Bourse, me répondit mon petit vieux avec une expression de franchise si naïvement bête qu'elle me désarma; une belle occasion, huit francs cinquante centimes seulement.

— En effet, ce n'est pas cher.

— Pour rien, ma chère demoiselle, pour rien absolument, comme je le disais tout à l'heure à Mme Cocardeau, mon épouse; la digne femme, quand elle a voulu que je fusse lieutenant de la garde nationale, j'y ai consenti pour l'honneur de l'épicerie que je représente; mais risquer de se faire tuer pour rapporter des brimborions de huit à neuf francs, ah! mais non; moi, voyez-vous, je préfère aller à la petite Bourse ; là-bas, je ne ferais que les embarrasser.

Du moins en voici un qui est franc; ne lui parlez pas de patriotisme : ce mot manque dans le dictionnaire de son éducation. Que les soldats aillent se faire tuer pour le pays, c'est leur devoir : ils sont payés pour cela par M. Cocardeau et consorts; mais que lui Cocardeau, qui consent à être garde national uniquement pour porter un bel uniforme, aille se battre contre les Prussiens, allons donc! il ne ferait qu'embarrasser, et puis les trophées sont si bon marché!

Mon Dieu! que de Cocardeaux dans les rangs, que de trembleurs, que de poltrons même, et surtout parmi ceux qui réclament avec le plus de violence les sorties en masse!

Il serait si profitable pour les représentants de certaines industries républicaines de demeurer seuls dans Paris, ne fût-ce que quelques heures. On peut être certain que ce temps ne serait pas perdu.

Je suis même persuadée que si.......

Minuit et quart.

Un grand cri : au secours! sauvez mon enfant! m'a fait tomber la plume des mains, et à présent j'ai oublié ce à quoi je pensais alors.

C'est ma voisine qui m'a donné cette alerte; son fils jouait sur ses genoux, tout à coup il s'est jeté à la renverse, les yeux tournés, les membres tordus par des convulsions, la poitrine soulevée par des hoquets; elle l'a cru mort, je ne m'en étonne pas, et a perdu la tête.

Déjà elle se précipitait comme une folle sur l'escalier, emportant son fils dans ses bras, quand je l'ai arrêtée et fait rentrer dans sa chambre.

Une cuillerée d'eau sucrée a fait revenir l'enfant et provoqué chez lui des vomissements qui ont eu le double effet de lui débarrasser estomac et de me montrer qu'on avait bourré la pauvre petite créature, qui n'a je crois encore que deux dents, de haricots à moitié crus.

J'en ai fait l'observation à ma voisine,

— Oh! je sais bien, m'a-t-elle répondu, ce qu'il lui faudrait; je suis trop fatiguée pour pouvoir être bonne nourrice, et le lait devient chaque jour si cher et si rare dans Paris que déjà il n'est plus abordable pour les petites bourses comme les nôtres.

J'avais déjà entendu dire cela par la bonne sœur Saint-Etienne, que je rencontre chaque jour à l'ambulance, et il ne serait pas étonnant que, d'ici à bien peu de temps, un grand nombre de ces petits êtres pour lesquels le roi Guillaume aura tari les sources de la vie, n'ouvrent leurs blanches ailes et ne s'envolent, légion d'anges et de martyrs à la fois, vers le ciel où ils grossiront la foule des saints innocents, victimes de la cruauté et de l'égoïsme.

La mère était toute reconnaissante de mon secours; elle m'en a remerciée assurément beaucoup plus que ne le méritait une action aussi naturelle, et m'a demandé comment j'avais pu devenir si habile.

L'enfant, quoique encore fatigué et appuyant sa petite tête pâle sur l'épaule de sa mère, me souriait de ses grands yeux noirs estompés de longs cils.

Je m'étais assise sur une petite chaise basse, et la petite fille, d'abord tout effarouchée, s'était rapprochée peu à peu, tant et si bien qu'elle avait fini par grimper sur mes genoux où, pendant que je causais avec sa mère, elle s'était endormie.

Embarrassées chacune de notre marmot et trop émues par la scène qui venait de se passer pour avoir l'une ou l'autre la moindre envie de dormir, nous nous laissâmes, sans nous en douter, glisser sur la pente des causeries intimes.

Nous avions l'une et l'autre si peu d'occasions, je ne dirai pas d'ouvrir, mais de dégonfler un peu notre cœur.

Pour une étrangère, Paris, avec sa foule, son activité fiévreuse, son agitation sans trêve ni repos, est un grand désert où l'on est toujours seule au milieu de la foule comme un voyageur dans une forêt, et où il est plus difficile que partout ailleurs de lier d'autres relations que celles d'une vulgaire politesse.

Avec ses enfants et son mari, ma voisine, elle aussi, se trouvait bien seule, les enfants étaient trop jeunes encore ; le mari ne rentrait guère que pour les heures des repas, quand il rentrait.

Elle me demanda si j'habitais Paris depuis longtemps, car, à mon accent, elle avait bien vite reconnu que je n'en étais pas. Je lui répondis que j'y étais depuis quelques mois à peine.

— Vous y avez donc votre famille ?

— Un frère, soldat.

— Dans la garde nationale ?

— Non, dans les mobiles bretons.

— Les mobiles à Trochu ? fit-elle, sans pouvoir réprimer un certain mouvement peu sympathique.

— Les mobiles de la France, repris-je, de braves jeunes gens qu ont le courage de dire qu'ils croient en Dieu, et qui le prouvent en se battant comme des héros.

— Ça, c'est vrai, fit-elle, c'est seulement dommage qu'ils soient si dévots; la religion, c'est bon pour nous autres femmes, mais pour des hommes...

Puisque je me suis donné pour mission de panser les blessures dans les ambulances, pourquoi au dehors ne tâcherais-je pas de guérir les plaies faites par l'ignorance et les préjugés?

Je ne pouvais assurément trouver une meilleure occasion de plaider la cause du catholicisme devant un auditoire bien disposé en ma faveur.

Elle m'écouta jusqu'au bout sans m'interrompre mais, comme tout étonnée de me voir m'animer pour si peu de chose, et de temps en temps jetant sur moi, à la dérobée, un regard presque inquiet, et comme n'étant pas bien sûre que je jouisse de mes facultés.

Qu'ils sont donc peu nombreux ceux qui comprennent le devoir et le dévouement!

Je vis bien qu'il n'entrerait jamais dans la tête de ma voisine que, pouvant fuir de Paris et me retirer dans une ville où je vivrais le plus tranquillement du monde, je fusse restée, quoique n'ayant autre chose à faire que de soigner les blessés et travailler pour eux.

J'allais tâcher d'expliquer ma conduite d'une manière plus satisfaisante et surtout plus rationnelle aux yeux de ma catéchumène, quand tout à coup je la vis rougir et pâlir à la fois comme une personne en proie à une inquiétude subite.

Elle murmura quelques mots parmi lesquels je crus reconnaître l'expression : mon mari, se leva précipitamment et, se dirigeant rapidement vers la cheminée, s'empressa aussitôt de rapprocher les tisons, bien moins pour rallumer le feu presque éteint à cette heure que pour se donner une apparence d'occupation.

Au même instant des pas se sont fait entendre sur le pallier, la porte de la chambre s'est ouverte et, sur le seuil, a apparu un petit homme brun, maigre, avec une grosse moustache, une cravate rouge autour du cou, un képi rouge sur l'oreille, une ceinture rouge autour des reins, et avec cela quelque chose de faux et de défiant dans le regard.

Quelle mauvaise physionomie, moitié loup et moitié renard !

Bien qu'il lui fût impossible de ne pas me voir et que ma présence eût produit sur lui l'effet le plus désagréable, il entra sans saluer, sans paraître s'apercevoir que je fusse là, traversa la chambre en écartant d'un coup de pied impatient le berceau du petit malade et entra dans une pièce voisine, où sa femme le suivit.

Si je n'avais pas eu la petite endormie sur mes genoux, je serais partie, mais je ne savais où la poser, et forcément j'attendis.

J'entendis le rustre qui demandait :

— Qui est ça ?

— Une demoiselle qui...

— Quelque moucharde à Trochu ; tu sais bien que je t'ai défendu de faire entrer qui que ce soit. Nom de nom ! je pense que j'ai le droit de commander dans ma maison, et je ne sais ce qui me retient de...

La pauvre femme s'excusait comme elle pouvait; l'enfant a eu des convulsions, dit-elle.

— Tout ça c'est un tas de mensonges, donne-moi de l'argent pour aller souper.

— Le souper est tout prêt, je t'ai attendu.

—Oui, je les connais, tes soupers, tu peux les manger avec tes invités; moi qui ai passé ma journée au corps de garde, j'ai besoin de prendre quelque chose de plus restaurant.

Il me sembla comprendre que la voisine suppliait son mari de ne pas dissiper les quelques économies qu'elle avait faites et que la dureté des temps rendait chaque jour plus nécessaires.

—La République y pourvoira, répondit-il avec un affreux juron et, quand le temps sera venu, nous saurons bien faire rendre gorge aux aristocrates, aux réactionnaires, aux valets de l'homme de Sédan, aux messieurs et, ajouta-t-il en haussant la voix pour se bien faire entendre de moi, aux belles demoiselles et à toutes ces mijaurées qu'il aurait fallu commencer par expulser de la ville comme bouches inutiles.

Je n'ai jamais craint les insolents parce que je sais qu'ils sont tous des lâches, et comme je ne suis pas disposée à me laisser insulter, je répondis tout haut.

—Avant les messieurs et les demoiselles qui donnent l'exemple sur les remparts et dans les ambulances, on aurait dû chasser d'abord les ivrognes, les poltrons et les paresseux, car, outre qu'ils ne servent à rien, ils ne sont qu'un embarras ridicule sur le pavé.

Cette réplique à laquelle il était loin de s'attendre le démonta complétement, car, baissant le ton, il se contenta de grogner je ne sais quoi entre ses dents, me jeta en passant un regard furieux, alluma sa pipe à une braise dans la cheminée, puis sortit aussitôt en fermant sur lui la porte avec violence.

—Comme vous êtes hardie! murmura la jeune femme, quand les pas se furent éloignés. On voit bien que vous n'avez jamais été battue, ajouta-t-elle en pliant les épaules avec un triste sourire.

—En effet, je ne l'ai jamais été, et j'espère bien ne jamais l'être.

—Cependant si vous vous mariez, fit-elle avec une naïveté incroyable.

— Je tâcherai de choisir un mari qui ne soit ni un brutal ni un ivrogne.

— Vincent n'était ni brutal ni ivrogne quand je l'ai épousé, fit-elle avec un profond soupir, et s'il est devenu mauvais, toute la faute n'en est pas à lui..... Allons, j'ai tort de parler de cela, qu'est-ce que cela peut vous faire autre chose que vous ennuyer?

— Au lieu de m'ennuyer, votre histoire m'intéresserait beaucoup, au contraire.

Elle secoua la tête.

Elle n'a pourtant rien de curieux, poursuivit-elle, et puis elle est trop longue pour que je puisse vous la raconter ce soir; si vous veniez demain.....

— Cela pourrait déplaire à votre mari et je ne veux pas vous faire avoir de désagrément; mais demain je serai dans ma chambre toute la matinée, venez m'y voir, vous me ferez plaisir.

Je suis bien sûre qu'elle viendra sous un prétexte ou sous un autre, car elle ne m'a pas l'air d'une de ces femmes énergiques qui savent garder un secret; celle-ci est douce, bonne, mais sans ressort; sa vocation est bien, je le crois comme elle le dit, d'être battue et de manger de la viande de cheval pendant que le mari fait bombance avec ses dignes amis au cabaret.

Certes il n'a pas besoin de beaucoup chercher pour en trouver. Sous prétexte de défendre la patrie des légions de paresseux, désertant les ateliers et quittant la blouse pour le képi, trouvent fort agréable de fainéanter à 1 franc 50 par jour, buvant, chantant, pérorant, se pavanant, se querellant, hurlant vive la République, réclamant la levée en masse, les sorties, la guerre à outrance, etc., etc., etc., et du fond du cœur bénissant ces chers Prussiens dont le voisinage leur rend la vie si douce et leur procure l'ineffable consolation de tarir une quantité considérable de chopes, de culotter des pipes par douzaine et de prendre au sérieux les éloges exagérés que les flatteurs de la canaille leur décernent matin et soir dans les journaux où, pour un sou, chaque rouleur de cabaret a droit à dix ou douze colonnes de flagorneries pour son héroïsme, son austérité et ses autres vertus républicaines. Quels pavés que ces coups d'encensoir !

Et l'on ose parler de flatteurs des rois, quelle plaisanterie ! Monsieur le peuple accrocherait à la lanterne, comme les derniers des insolents, des courtisans qui lui parleraient comme les grands seigneurs de la cour au roi Louis XIV.

Il ne demande qu'à être trompé, mais aussi comme on le trompe et comme chacun de ses flatteurs aussi impudents qu'intéressés s'empresse de jeter à cet ours friand des tartines de miel pour l'amadouer et le museler !

19 *octobre.*

Ma voisine est venue ce matin : je savais bien qu'elle ne se ferait pas attendre ; comme il lui fallait un prétexte, elle a pris celui de m'informer que la viande de cheval est taxée à 1 fr. 40 pour les morceaux de choix, et 80 cent. pour tout le reste. Les premiers jours, c'était très-original de manger du cheval ; on s'invitait pour des repas hippophagiques : cela donnait un air crâne. Voyez comme nous sommes héroïques, nous avons déjeuné avec un filet de cheval aux champignons. En France, beau rime avec nouveau ; il n'y avait pas de viande comparable à celle du cheval ; quels bouillons succulents ! quels horsteaks ! quels rôtis, et le reste ! Aujourd'hui que des boucheries sont établies dans tous les quartiers, que les bœufs se font rares et les moutons introuvables, on commence à s'apercevoir que cette chair, si délicate hier, est peu savoureuse, coriace, souvent nauséabonde, fade, gluante, que sais-je. Depuis que tout le monde en mange, personne n'en veut plus ; les excentriques proclament le mulet et l'âne bien supérieurs ; les élégants préfèrent, disent-ils, le chien : une côtelette de chien à déjeuner, et un rôti de rats à la sauce blocus de Paris est tout à fait comme il faut. Peuple héroïque, l'Europe te contemple!

Demain on mangera des lions, des tigres, les serpents boas, le chameau et l'éléphant... tout, plutôt que de se rendre... Malheureusement tout cela n'est que jeu; les Parisiens jouent au soldat : ce sont parades sur parades, exercices dans tous les squares et sur toutes les places, revues et défilés; on ne se promène plus qu'au tambour, on ne dîne plus qu'au clairon : c'est une folie militaire. Seulement à quoi cela conduira-t-il, si tout se borne à des promenades *intra muros?*

Le général Trochu a son plan, dit-on : c'est très-bien, pourvu qu'il l'exécute ou que les partisans furibonds de la guerre à outrance lui permettent de l'exécuter.

S'il s'agit de sortir de Paris pour marcher contre l'ennemi, à coup sûr, ces patriotes bruyants ne seront pas de la partie : ils tiennent trop à leur précieuse existence et comptent trop employer à piller le temps pendant lequel les ruraux et les Bretons iront bêtement se faire tuer.

A en juger du reste par une dépêche du vaillant Gambetta, la province se dispose à marcher sur Paris pour le débloquer. Il y a une phrase que l'on se répétait dans tous les groupes : « De toutes parts on se lève en masse, le gouvernement de la défense nationale est partout acclamé. »

Pourvu que cette phrase ne soit pas rien qu'une phrase; je ne sais pourquoi, mais je me défie de ce monsieur Gambetta, les républicains font trop son éloge et répètent trop haut que ce fier jeune homme est le lion de la démocratie.

Dieu veuille que ce soit un lion et qu'il n'en ait pas seulement que la peau.

Ma voisine, la seule que je connaisse un peu car je n'ai jamais parlé à Mme Cocardeau, se nomme Louise Vincent; son petit Gustave a très-bien dormi, son accident n'a pas eu de suite. Sa mère était si fort rassurée qu'elle ne m'en a parlé que pour la forme; le vrai motif de sa visite matinale était de me conter son histoire.

Après cet exorde elle s'est excusée de la grossièreté de son mari.

— Que voulez-vous, il voit des Prussiens partout, et vous prenait pour une espionne.

A propos, vous savez qu'on a fusillé ce matin un officier prussien déguisé en prêtre ; il allait d'ambulance en ambulance, empoisonnant les malades et les blessés.

J'ai vu tout de suite l'intention cachée de l'inventeur de ce conte et j'ai demandé à Louise de qui elle le tenait.

— De mon mari qui est rentré ce matin ; il a assisté à l'exécution et il paraît qu'il y a beaucoup d'espions ainsi déguisés.

J'ai tâché de lui faire comprendre l'absurdité de cette nouvelle et de lui expliquer qu'elle n'avait été mise en circulation que pour rendre suspects les membres du clergé ; elle ne m'a pas écoutée et est revenue sur la brusquerie de son mari.

— N'en parlons plus, je n'y pense plus moi-même, lui ai-je dit.

Elle voulait en parler au contraire, et elle m'a raconté tout au long que son Michel n'était ni grossier, ni ivrogne, ni paresseux quand elle l'avait épousé; il ne songeait alors qu'à son travail et point à la politique. Pendant quatre ans j'ai été bien heureuse avec lui, mais depuis que tous ces clubs maudits sont ouverts à Belleville et ailleurs, il a entièrement changé. Tout ce qu'il y entend, lui tourne la tête: c'est à ne plus le reconnaître; lui qui aimait tant, quand il rentrait, à prendre sa petite Laure sur ses genoux, il ne la regarde plus, il mange, boit, fume sans se soucier de n'importe qui, n'ouvre la bouche que pour me faire des reproches, ou me demander de l'argent comme hier au soir; puis quand il l'a il part pour ne rentrer qu'après l'avoir tout dépensé, et alors il se fâche de ce que je ne le nourris pas assez bien, ou me bat parce que je dépense trop. Oh ! je suis bien à plaindre et je ne suis pas la seule, allez, mademoiselle Marguerite.

J'ai tâché de la consoler; je lui ai dit qu'il fallait avoir recours à Dieu, bien le prier; pauvre femme, à peine sait-elle, je crois, ce que c'est que la prière, la vraie prière, celle qui n'est pas seulement un murmure des lèvres inattentives, mais qui, comme l'a dit, dans sa simple et suave éloquence, le catéchisme, est une élévation de l'âme à Dieu. Elle a cependant fréquenté quelque temps, m'a-t-elle dit, l'école des Sœurs de son village, mais elle l'a quittée trop jeune pour que leurs leçons eussent pu se graver bien profondément dans son cœur, aussi me paraissent-elles à demi effacées. Cela m'afflige. Et ces clubs! oh! quel mal ils font! quels discours insensés, immoraux, impies, s'y débitent; que sortira-t-il de ces fournaises où chauffent toutes les mauvaises passions d'un peuple? Je crains qu'ils n'aient une funeste influence, non-seulement au point de vue religieux, ce qui est le plus profondément triste, mais même au point de vue purement humain, et dans cette funeste guerre. Déjà les misérables qui les dirigent ont jeté sur l'Hôtel-de-Ville trois ou quatre mille gardes nationaux poussant le cri de : Vive la Commune! Cette première manifestation, cette première tentative insurrectionnelle a avorté, mais en sera-t-il toujours de même et à la guerre étrangère ne verrons-nous pas tout à coup se joindre la guerre civile? Cette guerre impie n'amènera-t-elle pas l'écrasement de la France par les Prussiens? Les meneurs hurlent leurs inepties et leurs blasphèmes ; la foule, qui heureusement pour elle ne comprend pas toujours, fait écho ; ces malheureux qui pour s'emparer de ses dépouilles déchireraient leur patrie font du patriotisme et demandent une action constante et énergique dans la défense. Il est bien possible que sans eux elle fût plus active. J'espère que le général Trochu ne se tourmente pas trop de leurs cris ; il vient cependant de faire publier un rapport officiel daté d'hier et rendant compte des travaux exécutés autour de Paris pendant ce premier mois d'investissement. Désormais nous sommes, paraît-il, à l'abri de tout coup de main, et les barricades commencées vont devenir inutiles. Si l'ennemi devait entrer dans nos murs, ce ne serait qu'au moment où la famine nous forcerait à capituler, et d'ici à ce que nos approvisionnements soient consommés, la province sera venue à nous, je l'espère. Bazaine, d'ailleurs, peut-être pourra rompre les lignes ennemies qui enserrent autour de Metz toute une de nos armées et venir à notre secours.

23 octobre.

Dieu l'a protégé ; une balle a coupé la visière de son képi au ras du front, une seconde a fait sauter un bouton de son gilet, les pans de sa veste sont déchiquetés par les pointes de baïonnettes, brûlés ou noircis par la poudre, et il n'a pas eu une égratignure.

Je savais qu'il se battait, le canon retentissait lugubre depuis le matin, et dans le ciel gris se reflétaient d'instant en instant de sinistres éclairs ; l'orage grondait tout autour de Paris, mais s'amoncelait surtout sur cette belle presqu'île de Gennevilliers, que la Seine enveloppe aux trois quarts comme un ruban d'argent.

Cette presqu'île, ou plutôt ce parc entouré de bois et de vignobles s'échelonnant sur des coteaux d'où les Français aiment à admirer Paris, et les Prussiens cherchent à le bombarder, a deux portes naturelles : l'une à droite, c'est une porte qui ne s'ouvre pas et que l'on appelle le mont Valérien, la seconde à gauche, Rueil, dont la clef est la Jonchère.

Il paraît que le général Ducrot, un brave que les Prussiens accusent d'avoir forfait à l'honneur, parce qu'ayant trouvé moyen de leur échapper il en a profité pour venir se battre contre eux et les battre, se proposait d'élargir le cercle des ennemis qui, en se resserrant depuis Rueil jusqu'à Saint-Germain et à Versailles, commençait à gêner nos mouvements.

Je savais qu'il devait y avoir un combat ce jour-là, qui l'ignorait? On dit que les Prussiens entretiennent des espions à Paris, en vérité c'est bien peine perdue. Qu'ils s'abonnent au premier journal venu et ils sauront tout, mieux que les généraux, mieux que le gouvernement ; à présent que le journalisme n'est plus qu'une concurrence à outrance entre des révélateurs de secrets, que chaque directeur de journal a sa meute de reporters, ce qui en français signifie chiens qui rapportent, il n'y a plus de secrets possibles, et parmi tous les spéculateurs sur la curiosité publique, il ne s'en trouverait peut-être pas un sur dix qui ne trahît mille fois son pays plutôt que de laisser à un rival la primeur d'une indiscrétion fatale pour la France.

Ce crime de l'indiscrétion ne date pas d'aujourd'hui ; je me souviens combien à Sainte-Marie-des-Chênes mon père s'indignait de voir révéler ainsi tous nos mouvements à l'ennemi par ces mouches bourdonnantes qu'on rencontrait partout où se trouvaient un officier et quelques hommes.

Certes, le gouvernement avait donné assez d'avertissements pour que ces espions spéculateurs fussent avertis du rôle indigne qu'ils jouaient au détriment de leur pays et au profit de la Prusse. Ont-ils cessé un instant pour cela ? Jamais. Qu'importe la France, pourvu que M. Cocardeau continue son abonnement au journal si bien informé.

La soif du gain a étouffé le patriotisme ; oh ! que cette sainte madame Schültz avait raison quand elle disait :

L'argent, ce n'est pas un métal, c'est une boue.

Depuis cinq jours je n'avais pas vu Georges, mais il était aux avant-postes de ce côté ; lorsque j'entendis dans la nuit les premiers coups de canon par lesquels les deux armées préludaient à la bataille, mon cœur se serra.

Je pensai à Fritz mort à Wissembourg, à Mme Schültz morte à Sainte-Marie, à mon père et à Guillaume combattant dans les Vosges, à mes sœurs exilées à Lyon, à M. Vürter prisonnier en Allemagne, et sautant au bas de mon lit, j'allai m'agenouiller devant la statuette de Notre-Dame-des-Victoires, la priant de protéger mon frère.

Le matin, beaucoup de troupes en tenue de campagne traversèrent la ville, remontant par les quais et la rue de Rivoli vers l'arc de l'Etoile ou Passy; les bruits les plus contradictoires couraient : impossible de rien savoir.

Comme j'avais affaire à l'ambulance établie au palais de l'Industrie, j'ai passé par les quais où j'espérais rencontrer la compagnie des mobiles bretons détachée à l'Hôtel-de-Ville pour le garder contre l'héroïque peuple de Paris.

Il y en avait en effet une compagnie, car on craint toujours que l'armée des clubistes ne profite de l'éloignement des troupes pour s'emparer de l'Hôtel-de-Ville et des ministères, renverser le gouvernement, piller pour leur compte et puis ouvrir la ville aux Prussiens.

Quels excellents Français !

Du reste, le gouvernement du 4 septembre semble ne demander que cela; il laisse les orateurs démagogues hurler et blasphémer dans les clubs, les bataillons d'émeutiers promener leurs désordres et leurs menaces dans les rues, les journaux vomir d'odieuses calomnies contre le pape, les évêques et le clergé, appeler à la révolte, prêcher la haine, ridiculiser tout ce qui reste de noble et de généreux dans cet égout collecteur des vices du monde entier qu'on appelle Paris.

Un officier auquel je me suis adressé m'a dit que cette compagnie n'était pas celle de Georges, que la sienne devait se trouver au mont Valérien, aux premières loges, mais qu'il me serait impossible d'y arriver parce qu'on ne me laisserait pas passer.

J'ai continué mon chemin, fort inquiète, mais sans rien entendre que quelques coups de fusils isolés et si clairsemés qu'on eût dit une chasse aux cailles comme celles que Guillaume faisait le matin dans les luzernes humides au bord de la Moyeure.

A la hauteur du pont de l'Alma, un bruit sourd, une sorte de mugissement continu m'a fait retourner, et sous une des arches du pont j'ai aperçu un éperon noir allongé faisant bouillonner l'eau en la divisant comme le ferait la tête d'un monstre marin.

C'est bien un monstre en effet que cette canonnière Farcy, blindée de plaques de fer, au corps noir revêtu d'une cuirasse impénétrable et

portant à l'avant un de ces énormes canons taillés sur le modèle d'une bouteille de vin de Champagne en bronze, pesant 15,000 kilogrammes, et envoyant son bouchon, un boulet de 300 livres d'acier à pointe conique, percer comme un carton une muraille de fer de 15 centimètres d'épaisseur.

Ces machines-là ne sont pas des canons, mais des volcans, et cependant il ne faut que huit hommes d'équipage pour manœuvrer cette barque, charger et pointer la pièce ; en revanche chaque coup revient, dit-on, à deux cents francs. Deux cents francs! avec cette somme on donnerait du bois pendant tout un hiver et du pain à une pauvre famille.

On ne peut pas dire que les vingt, trente, cinquante boulets qu'enverra ce canon monstrueux soient de l'argent perdu ; mais quand on songe combien de misères poignantes on soulagerait avec les dix mille francs qui vont s'envoler en fumée sans qu'il en reste la moindre trace, on ne peut s'empêcher de déplorer l'absurde nécessité dans laquelle se placent les hommes d'égorger leurs semblables pour ne pas être égorgés par eux.

Il n'y avait pas énormément de blessés à l'ambulance des Champs-Elysées ; il est vrai qu'en ce moment la mode est aux ambulances, comme à une époque elle était aux bergeries.

On joue à tout à Paris, aux choses les plus sérieuses comme aux plus futiles. Les malades et les blessés en profitent, les poltrons et les vaniteux aussi.

Beaucoup de gros garçons dont la seule infirmité consiste en un léger excès d'embonpoint, dont ils n'ont pas à s'étonner, préfèrent arborer la croix rouge à la casquette et s'attacher le brassard au bras que de coiffer le képi et de porter le chassepot sur l'épaule. Je ne parle pas des brancardiers, ceux-ci risquent leur peau et l'on ne voit guère parmi eux de ces beaux fils qui consacrent avec une abnégation si complète leurs instincts guerriers à leurs instincts conservateurs.

Je sais bien que cela n'empêchera pas, tout au contraire, que plus tard, quand au péril de leur vie les brancardiers auront ramassé les blessés et les morts sur le champ de bataille, les héros de la tisane n'aillent y faire leur moisson de croix et de médailles.

En vérité, cela ne se voit-il pas tous les jours.

Quant aux vaniteuses, c'est tout autre chose. Cette année, pas moyen d'aller au Bois, les balles s'y promènent trop fréquemment et les massifs éclaircis à dessein, ressemblent à une forêt d'échalas. Plus de concerts : il y a celui des canons ; plus de bal : on n'oserait pas danser et l'on feint de ne pas le vouloir. Heureusement une porte est restée ouverte et l'on s'y précipite, c'est celle des ambulances ; avec les ambulances il y a les comités, sous-comités, commissions, conseils, directions, vice-directipns, tout un assortiment de croix, de rubans, de cols, de bonnets, de pantoufles ; à l'ambulance X. le costume est gris de fer, liseré de violet ; à l'ambulance Z., il est violet et noir ; rien de comparable pour l'élégance de la coupe au tablier imaginé par la marquise de *** ; rien de suave comme le bonnet Alsace-et-Lorraine adopté par madame Y.

Autrefois on disait : mes gens ; aujourd'hui, mes malades ; le mot est changé, le ton reste le même.

Ambulances du noble Faubourg, ambulances de la riche Chaussée, ambulance de la Presse, ambulance du Théâtre, ambulance Américaine, autant de catégories, je pourrais dire de cases du grand échiquier de la vanité.

A côté de cela il y a les ambulances vraiment sérieuses : les ambulances desservies par les Sœurs de charité, les ordres religieux, les dominicains, les Frères de la doctrine chrétienne. Là du moins il n'y a pas de ces mesquines vanités qui font refuser, je l'ai entendu de mes oreilles, par une catholique pourtant, mais essentiellement femme du monde, le concours de deux Sœurs de charité, par cette unique raison, qu'assurément ces Sœurs seraient bien utiles, mais qu'en les admettant ce serait avouer que « nous ne faisons pas aussi bien qu'elles. »

C'est à une heure après midi que le feu a commencé de nouveau; il a été terrible : les éclairs se succédaient, illuminant le même point de l'horizon de leurs grands reflets rouges, fond de pourpre sur lequel se détachait la noire silhouette du mont Valérien.

Quelquefois, comme un volcan qui s'allume, le fort se couronnait tout à coup d'une auréole de flammes, le sol tremblait et un bruit sourd arrivait ébranlant les vitres dans leurs châssis ; d'autres fois la détonation semblait sortir du fond de la vallée.

Au premier coup de cette nature, un marin blessé au pied à la dernière sortie, et que je pansais avec la sœur Saint-Etienne dont je ne me séparais que le moins possible, s'écria en jetant son bonnet avec colère :

— Nom d'un sort, les camarades ne m'ont pas attendu, voilà la petite Farcy qui tousse de la poitrine.

— As pas peur, fit un autre ; il y a là-haut la Borgne qui regarde par la fenêtre, et qui crache dur sur les Prussiens.

Le feu des grosses pièces a continué ainsi pendant plus d'une demi-heure.

— Bravo, la petite !

— Bien craché, la Borgne !

Tout à coup les gros canons cessèrent de tonner ; sept ou huit grincements stridents se succédèrent avec rapidité ; puis presque indistinct un bruit semblable à celui d'un chariot lancé au galop sur un champ de cailloux; j'avais assisté de trop près à la bataille de Saint-Privat pour ne pas reconnaître la crépitation de la fusillade et les détonations saccadées des mitrailleuses.

Un escadron de cavalerie venant du côté de la place de la Concorde passa au galop devant l'ambulance et disparut derrière l'arc de l'Etoile.

Du haut de ce monument, beaucoup de curieux braquaient leurs lunettes dans la direction du mont Valérien ; je ne sais s'ils pouvaient distinguer les lieux où se passait l'action, mais je suis assez portée à en douter.

Beaucoup de troupes se dirigeaient vers le mont Valérien, personne n'en revenait, on ne rapportait même aucun blessé : impossible de savoir ce qui se passait.

La fusillade continuait toujours, mais en s'éloignant ; un moment l'artillerie de campagne recommença à tirer, ce ne fut pas long.

D'instants en instants quelques-uns des ambulanciers allaient à la découverte pour tâcher d'avoir des nouvelles.

Comme de raison, celles que rapportaient ces émissaires se contredisaient les unes les autres, suivant qu'ils avaient interrogé un optimiste ou un pessimiste.

Nous avons l'avantage, — nous sommes repoussés — victoire complète, l'armée tout entière marche sur Versailles, — trois de nos régiments viennent d'être anéantis par plusieurs batteries d'artillerie cachées dans le parc de la Malmaison.

Quelle journée d'angoisse j'ai passée.

Enfin, la nuit arrivant, les clairons ont sonné la retraite et les troupes sont rentrées dans leurs cantonnements respectifs.

Je n'y tenais plus, la bonne Sœur qui ne pouvait pas venir avec moi m'a fait accompagner par un domestique de leur maison de la rue du Bac ?

Nous voici aussitôt partis pour Passy ; les troupes rentraient de tous côtés ; ma bonne patronne à laquelle je m'étais recommandée m'a fait rencontrer notre bon Georges : il soupait gaîment sur le talus des fortifications avec un morceau de pain de munition qui lui sert en même temps de dîner.

Que j'ai été heureuse de le voir ! Il m'a offert un sac pour m'asseoir auprès de son feu de bivac et m'a raconté en détail ses deux combats, car il s'est battu deux fois : la première à Cachan, la nuit, dans le parc même de ce fameux Raspail, le démocrate enragé qui soutenait avec un si beau sang-froid que les armées sont inutiles parce qu'au seul mot de patrie on verrait jaillir du sol d'invincibles légions républicaines qui purgeraient la terre des tyrans, etc.

Il n'a qu'à aller visiter son jardin et son parc, il verra comment les légions républicaines le lui ont garanti.

En attendant mieux, ces austères républicains (mot consacré) ont commis toutes sortes d'infamies dans l'église de Villejuif; ils sont montés dans la chaire, ont revêtu les ornements sacerdotaux, ont parodié sacrilégement les cérémonies du culte ; il est vrai de dire que ces profanateurs ne sont autres que les mobiles de Paris, la fine fleur de la démocratie, et qu'aussi braves qu'austères ils se sont enfuis à la vue du premier uhlan.

L'affaire d'aujourd'hui a été très-chaude, mais ce n'a point été, m'a dit Georges, une vraie bataille, nous avons eu une dizaine de mille hommes engagés : zouaves, garde mobile, infanterie de ligne, tirailleurs, artillerie, tout le monde a bien fait son devoir; l'ennemi a reculé avec de grandes pertes, mais notre victoire complétement stérile nous a coûté 2 pièces de canon et 4 ou 500 morts que l'on relevait au moment où Georges me parlait.

Ce matin, j'ai lu dans l'*Officiel* que nos pertes consistent en 2 officiers tués, 15 blessés, 11 disparus, 32 soldats tués, 230 blessés et 153 disparus, total 443. C'est bien à peu près ce que me disait Georges.

Sans les mobiles du bataillon de Seine-et-Marne, nous aurions bien plus souffert ; à eux revient la gloire d'avoir dégagé 4 compagnies de zouaves qui se trouvaient acculées dans l'angle que forme le parc de la Malmaison au-dessous de la Jonchère.

Mince succès, qui ne ressemble guère aux nouvelles données par un *témoin oculaire* au journal des *Débats*. Ce monsieur, qui a si bien vu, affirme que, lui présent, 20,000 Prussiens ont été cernés dans le presqu'île de Gennevilliers ; le reporter du *Gaulois* plus modeste, se contente d'avoir vu *démasquer* (autre mot à l'ordre du jour) je ne sais combien de mitrailleuses qui ont fait un affreux carnage de Prussiens, vingt-neuf ou trente mille probablement. Pourquoi se gêner quand on fait du roman à sensation?

C'est à ne plus rien croire.

24 octobre.

Depuis hier soir silence complet tout autour de Paris ; nous sommes si fort habitués au bruit du canon que l'impression générale, quand par hasard il se tait pendant quelques heures, c'est l'ennui.

— Allons-y et que cela finisse, disait l'autre jour d'un ton bourru un vieux marin qui s'ennuie du matin au soir derrière son énorme canon.

Ce serait bien heureux d'en finir, mais il est probable que nous aurons le temps de nous ennuyer encore beaucoup et de supporter bien des misères avant que tout soit fini.

Georges était libre ce matin, il est venu de bonne heure me surprendre dans ma chambrette, où je m'occupais à passer en revue mes petites provisions ; bien m'a pris d'avoir usé de précaution, car tout augmente d'une manière inquiétante ; les pauvres auront bien à souffrir, les riches ne seront pas beaucoup mieux traités : ni lait, ni beurre, ni pain, ni légumes frais ; de cela personne ne pourra en avoir ni pour or, ni pour argent.

La viande et le vin ne manqueront jamais, ni malheureusement l'eau-de-vie, l'absinthe et les liqueurs. Mes voisins les Cocardeau ont fait d'énormes provisions : riz, farine, légumes secs, conserves, viandes fumées, bouillons en tablettes, chocolats, pruneaux, jambons, saucissons, biscuit et jusqu'à du lait en poudre, une invention toute nouvelle.

Quelles gens à précaution ! on dirait qu'eux seuls ont à soûtenir un siége. Outre leur appartement au second, où ils ont fait établir de vrais réservoirs en cas d'incendie et entassé des sacs de sable pour blinder les fenêtres, ils ont loué des caves à l'abri de la bombe pour s'y réfugier au premier obus et s'y enfermer entre leurs boîtes, leurs caisses, leurs malles, et aussi leurs fioles, car ils se sont composé une pharmacie complète et ont poussé la prudence jusqu'à faire provision de brassards à croix rouge et d'un beau drapeau d'ambulance.

Allez donc demander à des égoïstes de cette trempe et à des poltrons de cette force de marcher contre l'ennemi ; sans aucun doute ils vous regarderaient comme un idiot. M. Coccardeau se doit à sa famille et à lui-même avant tout, et s'il a consenti à briguer les voix pour devenir lieutenant, c'est uniquement pour l'honneur de la corporation et la satisfaction personnelle de madame son épouse.

Pendant que je reprisais la glorieuse tunique hachée par les balles à la Malmaison, Georges a écrit à Louise une de ces cartes qui remplacent les lettres fermées et que Paris expédie à la province par ballon monté ou non monté.

Depuis que le gouvernement a inauguré ses grands ateliers de fabrication à la gare du chemin de fer d'Orléans, les départs des ballons se succèdent à des intervalles beaucoup plus rapprochés.

Le vent est favorable cette semaine et je pense que notre lettre ne tardera pas à prendre le chemin des étoiles ; avec elle et beaucoup d'autres partiront des pigeons voyageurs qui nous rapporteront des nouvelles de la France, nouvelles générales, car il est impossible de songer à envoyer une lettre par un de ces charmants petits facteurs aériens, trop faibles pour pouvoir porter autre chose qu'un message enfermé dans un tuyau de plume.

Généralement les nouvelles qui nous arrivent ainsi sont des proclamations avec des lettres de Gambetta, le sauveur breveté de la France, sans garantie du gouvernement.

Les premières dépêches de lui ont produit ici une immense émotion, mais quand on a vu que chaque victoire annoncée le lundi était démentie le mardi, que la province toujours en marche vers Paris n'en approchait jamais, que tous ces prétendus succès n'étaient que des thèmes à amplifications oratoires, on n'a plus ajouté foi à ces messages, et comme à Paris on se console de tout en faisant un bon mot, on a baptisé la poste aux pigeons de poste aux canards.

Il faisait si beau que j'ai profité de ma liberté pour faire avec mon frère une promenade dans Paris. C'est singulier combien j'ai trouvé triste cette ville que je vois pourtant chaque jour. Il fallait que je fusse bien préoccupée pour ne pas m'en être aperçue.

Beaucoup de maisons vides, de magasins fermés, peu de promeneurs, presque point de voitures.

Sur une quinzaine de parcs et de squares, cinq sont fermés pour cause d'emmagasinement de pétrole; un, celui du bois de Boulogne, est horriblement dévasté; ceux de la tour Saint-Jacques-la-Boucherie et de l'école des Arts et Métiers, piétinés du soir au matin par les recrues qui viennent y apprendre le maniement des armes, sont nus et pelés comme le Champ de Mars.

D'après ce que m'a conté Georges, nous avons depuis le commencement du siége énormément travaillé aux fortifications et si bien que non-seulement les Prussiens n'entreront pas, ainsi qu'ils le disaient, dans Paris comme dans une ville ouverte, mais que de longtemps ils ne seront prêts pour le bombardement dont ils nous menacent tous les jours.

Quatre-vingt mille travailleurs, jour et nuit, ont couronné les murs avec plus de deux millions de sacs de terre, construit soixante-dix magasins voûtés, crénelé je ne sais combien de maisons, élevé des redoutes, fortifié tous les points faibles et armé l'enceinte continue de plus de deux mille bouches à feu.

Tout cela est très-bien. Paris est imprenable, il résistera à tous les assauts, à tous les bombardements; Paris a des boulets, des obus, des canons, de la poudre, des soldats; mais il lui manque de la farine et de la viande. Paris a faim, et la faim qui dompte les plus grands courages livrera la ville pieds et poings liés aux Prussiens un peu plus tôt un peu plus tard.

Ah! si le ciel laissait tomber la manne sur Paris comme autrefois sur les Hébreux.

Les Hébreux étaient le peuple de Dieu, les Parisiens sont loin de là: les ignobles caricatures effrontément affichées sur les murs, étalées dans les vitrines, les pamphlets dégoûtants dont des misérables hurlent les titres honteux dans les oreilles des passants, le spectacle perpétuel de l'ivresse des soi-disant démocrates ne montrent que trop à quel degré de corruption est tombée cette ville qui devait être le cœur de la France et qui n'en est plus que l'égout.

Non! non, les canons ne nous sauveront pas, si nous ne faisons pénitence, et malheureusement plus la main de Dieu se fait sentir, plus nous nous révoltons, plus nous nous endurcissons dans le crime.

A quatre heures Georges m'a quittée pour retourner au camp, je suis entrée dans une église et j'ai prié longtemps avant de revenir à ma cellule.

Jamais je ne m'étais sentie si abattue et, malgré les raisonnements de mon bon frère, je sens ma tristesse s'accroître et tourner au découragement. Nous avons pourtant eu un petit succès à Rueil. La province s'arme énergiquement, Châteaudun a fait une défense admirable, le maréchal Bazaine inflige aux Allemands qui croient le bloquer sous Metz, des défaites continuelles; tout semble marcher vers le mieux, et cependant il m'est impossible de demeurer seule une heure ou deux sans que je me sente envahie par la tristesse.

Que deviendrais-je si je n'avais pas l'obligation de m'arracher à moi-même pour soigner mes chers blessés, pour verser sur leurs blessures comme sur leurs douleurs le baume des consolations chrétiennes dont nous avons tous tant besoin.

Il est déjà tard; les enfants de mes voisins dorment, je pense, car après la chanson que chaque soir Louise chante à son dernier né, je n'ai plus rien entendu; je n'ai pas allumé de feu : le bois est cher et il faut bien d'ailleurs s'habituer aux sacrifices; il fait presque froid, pas assez pour en souffrir, mais déjà trop pour ne pas rappeler ces bonnes soirées d'hiver que nous trouvions si courtes malgré leur longueur. Cette année, si je suis encore dans ce logement, j'y serai seule à attiser la flamme bleuâtre, à faire jaillir du tison à demi recouvert d'une couche de cendre blanche et cotonneuse ces bouquets d'étincelles qui s'épanouissaient en gerbe brillante à la grande joie du cher petit Fritz.

28 *octobre.*

Voici quatre jours que Paris a la fièvre; il se passe quelque chose d'étrange, les bruits les plus contradictoires courent; ajoutez à cela une forte épidémie de variole qui a enlevé plus de trois cents personnes en cinq jours, et quelque chose qui a plus effrayé encore les bonnes femmes, une aurore boréale qui pendant deux nuits consécutives a ensanglanté le ciel. Il est incroyable que ce soient précisément ceux qui se prétendent les esprits forts qui aient été le plus effrayés par cet inoffensif phénomène très-commun dans les pays du Nord et qui nous annonce probablement un hiver rigoureux.

Tout Paris, oubliant le siége, s'était porté sur les quais, les boulevards et les places, pour contempler ce ciel tout empourpré des lueurs de l'incendie.

Quelle consommation d'absurdités a été faite pendant ces deux ou trois heures! Ces nuages noirs roulant dans des flammes c'est l'annonce du bombardement suivi de l'incendie de Paris, c'est le triomphe de la république dont le drapeau rouge illumine le monde, c'est le choléra, c'est le massacre des Prussiens, l'incendie des forêts, la capitulation de Metz.

La capitulation de Metz, voici un bruit inexplicable qui depuis quatre ou cinq jours circule dans Paris à l'état de rumeur sans cesse grossissante.

Hier soir ces rumeurs prenaient un corps et devenaient une grosse accusation dans le journal *le Combat*, rédigé par le haineux et hargneux Félix Pyat, qui y dénonçait à l'indignation publique le maréchal Bazaine comme coupable de haute trahison, avec la complicité du gouvernement du 4 septembre.

Le Journal officiel a démenti énergiquement cette double accusation *aussi infâme* qu'elle est *fausse.*

Evidemment la nouvelle est apocryphe. Pyat, interpellé au sujet de son affirmation, en a rejeté la responsabilité sur Rochefort; Rochefort sur je ne sais quel autre, qui a nié obstinément. Espérons que tout cela ne sera qu'un mensonge, nous sommes assez embarrassés d'ennemis sans qu'il soit nécessaire d'en voir arriver une nouvelle armée, et puis il me semble impossible de croire que le glorieux soldat de Metz, comme l'appelle Jules Favre, soit capable de se déshonorer ainsi en livrant à l'ennemi l'épée que la France lui avait confiée pour la défendre.

— As-tu fini tes manières? disait ce matin un gavroche à son camarade; tu sais donc pas qu'il attend que tous les Prussiens soient devant Paris pour leur jouer le tour à Metz.

— Y ferait mieux de le leur-z-y faire ici.

— Tais ton bec, mon vieux; que le meilleur moyen de faire retourner un chien c'est de l'y marcher sur la queue.

— Ah! ouiche, crois ça et avale un verre d'eau, ça te coupera la fièvre; moi je te dis que c'est pas un bon et qu'il se trousse les manchettes pour flanquer à la république le *coup du lapin*.

Voici en langue d'argot de deux gamins stratégistes l'exposition des deux opinions entre lesquelles Paris est partagé.

Les journaux ne parlent plus de rien aujourd'hui, mais il ne manque pas de gens qui vous disent:

— Après tout, qui sait?

Ce qui n'est que trop certain, c'est qu'on nous a réduits de 100 à 60 grammes de viande fraîche par personne et par jour.

J'entends de viande de boucherie, car celle de cheval n'est pas rationnée, mais tout le monde n'en veut pas et plutôt que d'en manger, une multitude de femmes font la queue sous une pluie battante pour obtenir leur ration.

Nos bonnes Sœurs, qui cumulent tout ce qu'il y a de plus pénible et de plus mal rétribué, ont ajouté au service des écoles et de l'ambulance celui des fourneaux. Aux Ternes où j'étais hier, j'ai aidé sœur

Sainte-Agnès à distribuer près de quatre mille rations de riz ou de pommes de terre.

C'est un gros travail et une grande charité; pour en récompenser la bonne Sœur, une espèce de virago qu'à la couleur de son teint je soupçonne de ne faire partie d'aucune société de tempérance, lui a lancé en plein corps une écuellée de pommes de terre en vociférant qu'elles étaient détestables et qu'il fallait être une effrontée pour oser donner de pareilles saletés à une femme comme elle.

La Sœur n'a rien répondu, mais quand la mégère a été partie, elle m'a dit :

— Vraiment il fait bon travailler pour Dieu, car les hommes nous payent la plupart du temps en mauvaise monnaie.

Le plus souvent cela est vrai, mais quelquefois c'est le contraire qui a lieu : si le vice est contagieux, la charité et la vertu le sont aussi quoique à un moindre degré, et forcément tous ces ouvriers gangrenés par les préjugés finiront, en se trouvant forcément près des religieuses, des prêtres et des bons Frères, si modestes, si patients, en même temps si héroïques, par voir qu'ils s'étaient ou plutôt qu'ils avaient été grossièrement trompés.

Minuit! voici le mari de Louise qui monte en grondant et en affectant de faire sonner son grand sabre sur chaque marche de l'escalier; en général c'est le prélude de quelque scène violente, car lorsqu'il prend ces airs guerriers c'est qu'il est ivre ou qu'il sort de son club, ce qui est tout un.

29 *octobre.*

Est-ce vrai? est-ce faux? je ne puis pas, je ne veux pas le croire; je le crois malgré moi! Metz! pauvre Metz!... Mon Dieu, avons-nous donc mérité d'être abandonnés ainsi à nos ennemis! Je regarde en tremblant autour de moi et je vois tant de mal que je le crains.

31 *octobre.*

Je ne puis donc plus douter, je ne puis donc plus lutter contre ces fatales terreurs qui obsédaient ma pensée et la forçaient malgré sa résistance à croire à ce nouveau désastre. Encore une armée qui disparaît, encore une place forte qui tombe, et cette armée c'était presque la dernière qui restât à la France ! Cette place, c'est Metz ! notre Metz ! Metz qu'on appelait la vierge parce que jamais, même lorsque notre malheureuse patrie avait été terrassée sous le genou d'un vainqueur, son pas superbe n'avait franchi ses remparts.

Je ne sais ce que j'écris, si je pourrai relire ces lignes, tant mes larmes obscurcissent mes regards, mouillent ce papier. J'étais sortie le cœur lacéré d'angoisses, elles n'ont pas tardé à devenir une mortelle douleur. Presque à ma porte, il y avait un groupe; au milieu un homme, un journal à la main, parlait et gesticulait; la plupart de ceux qui l'entouraient parlaient aussi, parlaient tous à la fois avec douleur, avec colère ; ceux qui ne parlaient pas baissaient la tête ; un jeune homme qui m'a rappelé Georges laissait, sans le savoir sans doute, couler des larmes sur ses joues pâles. En même temps que moi deux gardes nationaux s'étaient approchés.

— Qu'y a-t-il donc ?

— Du triste.

— C'est donc vrai? ont-ils demandé.

— C'est officiel.

— Lisez donc, a ajouté l'un d'eux.

Et celui qui tenait le journal a lu :

« Le gouvernement vient d'apprendre la douloureuse nouvelle de la
» reddition de Metz. Le maréchal Bazaine et son armée ont dû se
» rendre après d'héroïques efforts, que le manque de vivres et de mu-
» nitions ne leur permettait pas de continuer. Ils sont prisonniers
» de guerre. »

C'était la note du Journal officiel.

Une lance a traversé mon cœur, un brouillard s'est étendu devant mes yeux, je me suis appuyée à la muraille et j'y suis restée, je crois, quelques minutes. Une femme à physionomie bien douce a passé, m'a demandé si j'étais malade. Oh ! ce n'est pas moi qui suis malade, c'est la France, c'est ma mère qui agonise ! Strasbourg est tombé enveloppé de ses ruines comme d'un suaire glorieux, Toul, bien d'autres, Metz !... et ainsi succomberont l'une après l'autre, ô France, ces vieilles villes fortes et redoutées qui étaient les fleurons de ta radieuse couronne! Ta couronne aussi tombera de ton front humilié, et ton cruel vainqueur la broiera sous le talon de sa botte; il mettra le pied sur ta poitrine palpitante, il appuiera son épée sur ton cœur !... O France ! Dieu t'avait faite sa fille aînée, il t'avait rendue si grande, si glorieuse ! Mais il t'avait donné aussi la défense de ta mère, l'Eglise; comme à saint Michel il avait remis dans tes mains un glaive pour châtier ses ennemis, et tu as rejeté ce glaive, tu as laissé triompher l'iniquité, c'est pour cela que le Dieu des armées t'abandonne à tes envahisseurs, pour cela qu'il te châtie ! Oh ! si tu revenais à lui, il te sauverait encore! Mais hélas ! la foi n'est plus le partage que de quelques âmes privilégiées, l'impiété déborde de toutes parts. Avant qu'il reconnaisse la main qui le frappe, il faudra à ce peuple de bien cruels revers, et c'est pourquoi mes larmes coulent avec tant d'amertume, pourquoi ma poitrine se brise dans de si douloureux sanglots. Je n'ai même plus la force d'écrire.

1er novembre.

Nous venons d'échapper à une nouvelle révolution. N'est-ce donc pas assez de nos cruelles défaites? la guerre civile va-t-elle s'ajouter à tant de maux et ouvrir à nos ennemis ces portes qu'ils n'osent essayer de forcer? Hier, à ce qui précède, j'aurais pu ajouter le tableau des événements accomplis pendant la journée autour de l'Hôtel-de-Ville, dans l'Hôtel-de-Ville même ; mais tout était bien loin d'être fini ; le courage d'ailleurs me manquait pour parler de ces scènes d'émeute si révoltantes en face de l'ennemi, qui les contemple avec autant de dégoût que de joie. Les malheureux ! ils ont fait de cette journée du 31 octobre, non l'une des dates néfastes, un malheur vaudrait mieux que cette flétrissure, mais l'une des dates honteuses de notre triste époque. Ils avaient depuis longtemps tramé ce plan infernal. Ils ont joué cette odieuse comédie en se drapant dans le haillon de leur faux patriotisme. Un échec venait de nous affliger, un désastre nous frappait au cœur. Nous avions heureusement repris le petit village du Bourget. Était-ce un immense avantage? les avis sont je crois partagés, mais enfin on l'avait annoncé comme tel et c'était bien un succès, un rayon de soleil dans notre sombre horizon, une lueur d'espérance en nous; de mornes, bien des visages étaient devenus triomphants ; malheureusement cette position a été insuffisamment gardée, les Prussiens s'en sont de nouveau rendus maîtres. Au moment où nous l'apprenions, éclatait comme un coup de foudre la nouvelle officielle de la capitulation de Metz. Tout Paris poussait des cris de douleur et de rage; ce mot de trahison, qui se fait si facilement l'écho de celui de défaite, s'y répandait de toutes parts, et comme une traînée de poudre, portait partout l'incendie. Il est si aisé de crier à la trahison quand on est malheureux, humilié, et que cette accusation flatte un faux amour-propre. On avait depuis quelque temps aussi beaucoup parlé de la possibilité d'un armistice, précurseur de la paix; on avait trop compté, je crois, sur la mission confiée à M. Thiers, parti pour aller dérouler devant toutes les cours, qui n'avaient pas besoin de lui pour le connaître, le tableau de nos malheurs et essayer de les intéresser à notre cause. Nombre de gens croyant à l'intervention des puissances étrangères, pensaient que le chancelier de la Confédération du Nord, grâce à leurs conseils, se montrerait moins exigeant; on peut le dire, le vent était à la paix. Ah ! je sais bien qu'il y a des cœurs fiers, braves, profondément français, qui repoussaient cette éventualité, qui disaient que notre ennemi ne nous ferait pas de conditions honorables, que notre patrie, quoique déjà envahie, ravagée, ensanglantée, a encore des fils assez nombreux pour qu'ils doivent essayer de la défendre encore, mais ils n'étaient pas la majorité. Et pourtant il y avait un grand nombre de voix qui répétaient sans cesse : pas d'armistice ! pas de paix, la guerre à outrance, la levée en masse, la Commune! Ces voix ne disaient pas seulement ces choses; elle les criaient sans trêve, sans mesure : dans les clubs, où se débitent tour à tour les folies, les blasphèmes; dans les journaux qui ont si profondément vicié ce pauvre peuple de Paris, une partie de ce peuple au moins. Le 31 octobre est arrivé, tout était prêt pour l'insurrection à laquelle la prise du Bourget, celle de Metz, les bruits d'armistice donnaient un triple prétexte. Les meneurs étaient à leur poste, ardents, unis, habiles, et voilà pourquoi cette journée néfaste est devenue une journée criminelle. Comme le médecin tâte le pouls de son malade, ils ont tâté cette population dans laquelle fermentent tant de levains de haine et de cupidité, haine, cupidité qu'ont fait naître leurs doctrines subversives, impies; mais si par leurs paroles, leurs regards, leurs actes, ils ont sondé cette foule, ce n'est pas pour la guérir, c'est pour la perdre, pour en faire un marchepied sanglant à leurs passions effrénées. Elle est bien ce qu'ils veulent, irritée, jalouse, ignorante, sans patriotisme, sans religion. Ils s'assemblent, ils crient : Pas d'armistice! la levée en masse ! la Commune! et le torrent humain qui roule à leur suite répète : Pas d'armistice! la levée en masse! la Commune! Dans le nombre de ces voix qui font écho, dans cette foule qui se précipite vers l'Hôtel-de-Ville, il y a bien aussi des gens qui ne demandent pas où on les mène, qui crient parce qu'on crie autour d'eux, ou parce qu'ils ont peur; qu'importe? on chiffrera ces têtes, et l'on dira que le peuple de Paris veut la Commune, qu'il demande héroïquement la guerre à outrance, la levée en masse. Depuis le matin l'on a battu le rappel dans tous les quartiers, je crois, et toute l'après-midi n'a été qu'une longue, tumultueuse manifestation, un lamentable essai de révolution entée sur une révolution. Quelles déplorables scènes ! Avec ou sans armes, les bataillons de la garde nationale remplissent la place de l'Hôtel-de-Ville ; vainement plusieurs membres du gouvernement paraissent et essayent de se faire entendre, de calmer ce tumulte qui va grossissant, le monument est bientôt envahi, et les émeutiers proposent au gouvernement un projet de décret convoquant les électeurs pour la nomination de la Commune. Pour donner plus de poids à cette demande, le citoyen Gustave Flourens, un artiste en révolutions, qui sachant parfaitement que ce jour-là il y aurait une émeute, et qui, dans cette prévision, s'était procuré une superbe paire de longues bottes, avait escaladé la table du conseil et se promenait en gesticulant comme un fou sur le tapis vert, menaçant de son révolver les membres de la défense nationale : Trochu, Simon, Favre, et les autres, tous amis de la veille, mais qui depuis qu'ils étaient au pouvoir, étaient devenus des royalistes, des traîtres, etc.

Que voulaient donc tous ces braves ? la guerre à outrance, pas d'armistice, la levée en masse, une sortie formidable : c'était du moins ce que hurlaient les bataillons de la garde nationale sur la place de Grève.

Quatre ou cinq des plus fougueux, en brandissant leurs armes, les déchargèrent en l'air : c'en fut assez pour causer une panique effroyable dans cette cohue de poltrons. Trahison, on égorge nos frères, vociféraient les fuyards, en se bousculant pour échapper plus vite.

Héroïque garde nationale de Paris, combien tu es digne des éloges que te jettent à la tête les Flourens, les Blanqui, les Vallès, les Sapia et toutes ces nullités gonflées d'envie et de haine qui ont besoin de tes épaules béotiennes pour s'élever au-dessus de toi et te bâtonner ensuite.

Ce fut cependant un bataillon de cette même garde nationale, le 106ᵉ, du faubourg Saint-Germain, ne pas confondre avec Belleville, qui arrivant enfin à deux heures du matin, pénétra, la baïonnette au bout du fusil, dans l'Hôtel-de-Ville et malgré Flourens, Blanqui, leurs amis et leurs tirailleurs, leur enleva le général Trochu.

Devant ce coup d'audace du colonel Ibos et de ceux que mon voisin le vaillant tirailleur de Flourens appelle les féroces marguilliers d'Ibos, les émeutiers réunis sur la place de l'Hôtel-de-Ville comprenant qu'il n'y avait rien à gagner à crier : vive Blanqui à bas Trochu, se sont mis à hurler : vive Trochu, à bas Blanqui.

Un bataillon de mobiles bretons en pénétrant dans l'Hôtel-de-Ville où les farouches outranciers s'occupaient, en attendant de marcher contre les Prussiens, à piller les caves et les offices, balaya facilement ce tas d'ivrognes. Il paraît que, sans respect pour les belles bottes de Flourens, l'écharpe sang-de-bœuf de Blanqui et la majesté naturelle du prêtrophage Pyat, les mobiles se permirent de chasser l'état-major de l'émeute à coups de crosses dans les jambes et de pieds un peu plus haut.

Beaucoup ne purent pas rentrer chez eux, ils étaient ivres-morts; on les roula devant la grille et ils restèrent là étendus dans la boue, tout naturellement comme chez eux.

On dit que Flourens et quelques autres chefs de bataillon ont été révoqués, on a été vraiment trop bon pour eux; ils y reviendront, j'en suis bien sûre. Si j'avais été le général Trochu, il me semble que je me serais donné le plaisir de combler leurs vœux en les envoyant aux avant-postes. Puisqu'ils veulent la guerre à outrance, pourquoi ne pas les satisfaire?

Voilà donc, Dieu merci, une tentative de révolte échouée; mais ne réussira-t-elle pas une autre fois et qu'adviendra-t-il alors de notre malheureux pays? Le gouvernement se sent amoindri et aujourd'hui même de nombreuses affiches officielles couvrent les murs et convient les électeurs à un plébiscite.

Encore des plébiscites! je croyais qu'on en était revenu; il paraît que non.

1er novembre, 4 h. du soir.

Je rentre pour copier dans mon journal l'extrait suivant du programme adopté par le nouveau gouvernement qui nous avait fait hier l'honneur de se mettre à notre tête :

« Il faut que toutes les églises soient fermées au culte et affectées à des greniers, des clubs, ou toutes autres destinations révolutionnaires. »

A la bonne heure, voilà qui est clair, et il y a des gens qui trouvent étonnant que les catholiques ne soient pas démocrates.

« Il faut que toutes les ambulances soient purgées des prêtres; qu'on les arrête, qu'on les arme, qu'ils soient menés au feu, placés *devant* les patriotes, dans les positions les plus périlleuses. Nous leur réservons la plus belle tâche : qu'ils soient martyrs ; ils iront au ciel, ce sera leur récompense. Nous qui n'y croyons pas, nous demandons qu'ils meurent avant nous. Qu'ils servent de cuirasse aux pères de famille. Ce sera la seule fois qu'ils auront été bons à quelque chose. »

Est-ce assez ignoblement lâche, et dire que ces héros de révolutions sont tous les mêmes. Un austère démocrate disait hier au fourneau : Il n'y a que les démocrates qui soient vraiment tolérants.

Oh ! il n'y a qu'à lire cela pour en demeurer convaincu.

1er novembre, 11 heures du soir.

Ils n'y sont pas restés longtemps, mais ils y ont bien travaillé ; deux frères et amis viennent de rapporter mon voisin le sergent de tirailleurs de Flourens ; ce n'est ni un homme, ni un animal, c'est une outre oubliée dans un égout.

Si les Bellevillois et leurs amis sont pour la guerre à outrance, ils ne sont pas moins pour les festins à outrance. Trois mille cinq cents dîners ont été servis hier au soir et engloutis dans les estomacs patriotiques. Il paraît que le gaspillage a été affreux, ignoble ; dans un temps où Paris souffre de la faim, où les mères n'ont pas de quoi nourrir leurs enfants qui s'étiolent et qui meurent, ces hideux bandits gorgés de vin et de viandes piétinaient sur les restes de leur orgie, et roulaient sur la litière rouge et graisseuse sous laquelle disparaissaient les dalles de marbre et les tapis déchirés par le traînement des pieds des buveurs.

Une première bande avait dévoré, gaspillé ou gâté tout ce que contenaient les offices; une seconde découvrit une cave remplie de conserves, de vins fins, de provisions de toute sorte, destinées aux ambulances c'est-à-dire au soulagement des vrais soldats qui se font tuer pour la défense de Paris; en un clin d'œil tout a été enlevé pillé, bu, mangé, jeté, foulé aux pieds, abîmé en pure perte par cette troupe de hurleurs dont les trois quarts ont une mère, des frères, une femme, des enfants qui meurent de faim et se tuent de travail; pas un ne s'en est souvenu, soyez en-sûr, ils sont aussi bons pères et aussi bons fils qu'excellents citoyens. Leurs chefs ont peut-être moins mangé; ils avaient tant à faire, ils accaparaient la république à leur profit et pour commencer envoyaient au citoyen Picard, ministre des finances, une réquisition de quinze millions.

Rien que cela.

Un vieil employé du ministère des finances, après avoir lu le papier signé Blanqui, a eu l'indélicatesse non-seulement de ne pas solder cette petite facture, mais de faire coffrer le porteur de réquisition.

Pendant que les outranciers se font litière de viandes et de conserves, éventrent par pur plaisir les sacs de légumes et de farine, un hareng se vend 2 francs 50, un œuf frais 1 franc, un chou 2 francs, une paire de poulets 25 francs, un litre de haricots 5 francs, le beurre est à 45 francs le kilogramme, le bois et le charbon commencent à manquer, les légumes sont introuvables, le rationnement de la viande devient de plus en plus parcimonieux, et c'est en ce moment que, sous prétexte de sauver la patrie, l'écume des clubs insulte par ses dégoûtantes orgies à la misère publique.

Ailleurs ils insultent à Dieu, à la religion, à tous les nobles sentiments. Un facteur de la halle qui n'est pourtant pas un grand dévot s'est fait mettre violemment à la porte du club Favier, il y a deux ou trois jours, peu s'en est fallu qu'on ne l'écharpât.

Voici ce qui était arrivé : un colleur d'affiches devenu capitaine d'une compagnie de Bellevillois du plus beau rouge et tenant à se distinguer, venait de lire à la tribune le libellé d'une condamnation à mort prononcée par lui contre les maréchaux Bazaine, Lebœuf, Canrobert et autres officiers supérieurs ; sa lecture avait eu un certain succès, et pour se faire applaudir il n'avait trouvé rien de mieux que d'attaquer Dieu, en frappant à grands coups de poing sur la table et en vociférant :

— Je ne crains pas la foudre, citoyens ; je hais le misérable Dieu des prêtres et je voudrais escalader le ciel pour aller le poignarder.

— Juste, le ballon part cette nuit, cria le facteur, faut-il te retenir une place, citoyen capitaine?

Insulter Dieu en temps de république, c'est le droit de tout homme libre, mais se moquer d'un orateur du club Favier, d'un prolétaire colleur d'affiches qui condamne à mort une fournée de maréchaux et ne se propose pas moins qu'une expédition à main armée dans le ciel, c'est manquer au respect dû à la souveraineté populaire.

Le pauvre facteur l'a éprouvé à ses dépens, quand bousculé de droite et de gauche, injurié, frappé de toutes les façons, il s'est enfin trouvé à la porte, ses habits mis en lambeaux ne tenaient plus et tout son corps était bleu de coups de pied et de coups de poing, distribués par les apôtres de la tolérance et de la fraternité.

Jour des Morts (2 novembre).

Georges est venu me trouver ce matin, je l'attendais, nous nous sommes serré la main en silence et nous sommes sortis pour aller prier.

L'église était pleine de catholiques, car il en reste encore, Dieu merci, même dans Paris ; hommes et femmes portaient des habits de deuil, tous priaient, beaucoup pleuraient.

C'est aujourd'hui le jour des Morts.

Ils sont nombreux, cette année.

Dans la famille deux places sont vides : celle de Fritz, le soldat chrétien tombé au champ d'honneur ; celle de Mme Schültz, la sainte patriote.

N'y a-t-il que ces deux deuils ; à l'heure qu'il est, mon père est-il vivant ? Dans quelques heures Georges ne sera-t-il pas allé rejoindre son frère ?

La mort ne nous entoure-t-elle pas, ne plane-t-elle pas sur nos têtes à toute heure, visible, menaçante, poussant les hommes contre les hommes et leur faisant faire à eux-mêmes sa funèbre moisson ?

Seigneur, nous vous implorons pour ceux qui sont morts et pour ceux qui vont mourir.

Chaque année à pareil jour, j'allais m'agenouiller avec tous les membres de ma famille, avec toute la bonne population de Sainte-Marie dans le cimetière de notre village ; m'agenouiller auprès des tombes disséminées dans l'herbe qui au printemps les couvre de fleurs ; des allées ombragées de chênes et d'ormeaux, chers aux rossignols qui viennent y donner leurs concerts nocturnes, circulent entre les croix soigneusement entretenues.

Point de marbres, point de statues qui pleurent, de colonnes brisées, d'images funèbres, de tous ces simulacres d'une douleur débattue à quelques centimes près entre le sculpteur et l'héritier : rien que quelques pierres portant une inscription pieuse, des croix portant le nom de celui qui dort à son ombre amie, un cimetière chrétien, un champ de calme, de repos et d'espérance.

La guerre n'a pas respecté cette majesté de la mort. Les boulets ont fauché les arbres, labouré le sol qui recouvre les tombeaux, abattu les croix; les chevaux allemands ont brouté l'herbe touffue et les cavaliers huguenots ont foulé la terre consacrée.

Mon Dieu, pourquoi auraient-ils respecté le repos de ceux qui dorment sous le signe de votre croix? Les ennemis de la France ne sont-ils pas aussi les vôtres, les mêmes qui ont brûlé notre tant aimée église de Sainte-Marie, traîné dans la boue la statue de notre divine Mère à Marienthal, et commis tant d'autres atrocités? C'est pour nous faire mieux sentir le poids de votre colère que vous avez permis à ces hommes et à leur roi d'être sans le savoir les exécuteurs de votre justice; mais Seigneur, n'est-ce point encore assez et n'aurez-vous pas pitié de ceux qui vous implorent au nom des innocentes et généreuses victimes dont le sang a arrosé leur trop coupable patrie.

Non, Dieu n'a pas fini de nous punir, parce que malgré toutes les leçons nous ne voulons pas finir de l'offenser. Les plus mauvaises nouvelles nous sont arrivées aujourd'hui même de province.

Après Metz et Sedan cela paraissait difficile, et pourtant cela est. Cambriels le général de l'armée des Vosges et plusieurs de ses officiers ont donné leur démission plutôt que d'obéir à ce brouillon incapable, à ce charlatan avarié, à ce paillasse haineux et bruyant qu'on appelle Garibaldi. Je savais déjà que des spéculateurs en stupidité démocratique étaient allés retirer l'illustre ganache de l'île de Capréra où Victor Emmanuel l'avait mis en fourrière; mais je n'aurais jamais cru que ce monsieur Gambetta parti pour rétablir l'ordre en qualité de ministre de la guerre, manquât d'honneur et de patriotisme au point de vouloir forcer nos soldats à subir la honte d'un semblable chef.

Du reste, Georges me dit que partout, mobiles, volontaires, gardes nationaux refusent de partir; chacun voudrait faire partir son voisin mais demeurer tranquille chez soi. Si c'est là ce qu'on appelle le patriotisme républicain, il faut avouer que je lui préfère l'égoïsme impérial.

Un des outranciers qui veulent sauver la France en se mettant à la place du gouvernement du 4 septembre vient de nous donner dans la *Patrie en danger* un petit aperçu des mesures que se proposent de prendre les estimables théoriciens de son parti.

Une des premières, dit-il, sans doute parce qu'elle est la plus importante, consisterait à armer tous les prêtres valides et à leur interdire d'exercer les fonctions d'aumôniers, *afin d'épargner aux malheureux blessés la présence des frocards qui doivent considérablement attrister leur dernière heure.*

Est-il possible que la passion et la mauvaise foi puissent conduire à ce point d'absurdité criminelle?

D'autres se sont occupés de l'enseignement, qu'ils veulent rendre à toute force obligatoire et laïque. Pour cet enseignement qui ressemble fort à un cours d'ignorance forcée, « les livres d'histoire seront soigneusement choisis. Ils devront contenir l'expression de l'influence pernicieuse et nuisible exercée par l'idée religieuse et déiste sur la marche de l'humanité. Les lutteurs obscurs, les calomniés et les *réprouvés* seront réhabilités et donnés en exemple aux enfants. »

Voilà ce que l'on dit et ce que l'on fait dans les clubs pendant que les honnêtes gens se battent contre les Prussiens.

4 novembre.

Résultat du vote demandé par le gouvernement :

557,996 Oui.
62,638 Non.

Mon voisin, monsieur Cocardeau, est dans la joie de ce résultat depuis ce matin, il monte et redescend l'escalier en grand costume et se croit un héros :

— Nous leur avons montré à ces Bellevillois qu'ils ne sont pas nos maîtres, s'est-il écrié en m'apercevant : ce vote tue la révolution!

A chaque plébiscite même résultat et même chant de triomphe, ce qui n'empêche pas que, si comme je n'en doute pas les soixante-trois mille communeux envahissent une seconde fois l'Hôtel-de-Ville, ils terroriseront les six cent mille triomphateurs d'aujourd'hui.

5 *novembre.*

Le général Clément Thomas vient d'être nommé commandant supérieur de la garde nationale de Paris, c'est un poste peu à envier.

Sur les bords de la Seine près de la route de Choisy à Vitry, cinq ou six charrues travaillent dans les champs, des laboureurs bravent la mitraille et ensemencent le sol jusque sous la bouche des canons; cela ne s'était probablement jamais vu à Paris.

11 *novembre.*

Les jours se suivent et malheureusement, hélas! ils se ressemblent.

Depuis le commencement de la guerre, le dimanche semble pourtant particulièrement néfaste. C'est un dimanche que les Parisiens ont appris les tristes événements de Reischoffen, la défaite de Sedan, la capitulation de Strasbourg, la reprise du Bourget par les Prussiens, la honteuse capitulation de Metz, et voici que dimanche dernier nous avons été informés du rejet de l'armistice.

Celui qui s'élève sera abaissé. Pendant de longues années nous nous sommes insolemment posés en arbitres des destinées du monde, nous avons été agressifs, brouillons, hautains, et voici qu'au moment du danger toutes les autres nations nous abandonnent, toutes, surtout celles pour lesquelles nous avions tant fait et que nos bienfaits immérités ont armées contre nous.

Après-demain dimanche, quel nouveau malheur viendra encore nous surprendre! Je tremble toujours quand arrive ce jour fatal, ce jour qui appartient à Dieu et qu'il nous avait ordonné d'employer à le remercier de ses bienfaits et à implorer ses grâces. Il nous l'avait donné pour nous reposer, pour sanctifier son saint nom. Au lieu de cela nous l'avons profané publiquement, nous en avons fait un jour de débauche : Dieu en a fait un jour de punition.

Où s'arrêtera ce châtiment? Les flatteurs du peuple, ces hommes qui spéculent sur la crédulité du public, depuis un mois ils ne cessent de nous répéter que notre artillerie fait merveille, que les Prussiens se trouvent dans l'impossibilité d'approcher, les boulets de la République pulvérisent les batteries du tyran; à cinq ou six mille mètres le plus maladroit de nos marins coupe en deux le uhlan assez audacieux pour montrer la pointe de son casque à l'horizon. Bismarck sèche de douleur et le roi Guillaume perd la tête.

Quel beau sujet de criailleries pour les outranciers ! Mon voisin Cocardeau croyant avec un tas d'imbéciles comme lui que les Prussiens ne songeaient qu'à fuir, commençait à se déclarer contre l'armistice et à crier contre les lenteurs de Trochu.

En réponse à toutes ces forfanteries les Prussiens ont démasqué 150 pièces de canons Krupp, sur les hauteurs depuis Fleury jusqu'à Montretout ; terrassements gigantesques, blindages formidables, rien ne manque aux préparatifs.

M. Cocardeau ne songe plus à faire une sortie; il a immédiatement, après la ferme assurance que les Prussiens sont moins que jamais disposés à se retirer, remis sabre et épaulettes dans leur étui pour ne plus s'occuper que de faire blinder sa cour.

Il n'est pas le seul qui prenne ses précautions. Hier toute la colonie étrangère munie de passeports prussiens a quitté Paris. Pauvre Paris, les étrangers veulent bien de tes plaisirs, mais le jour où le malheur s'appesantit sur toi, ils te laissent seul.

A Vincennes quelques cas de typhus se sont déclarés ; nous avions la guerre, nous touchons à la famine véritable, car nous voici rationnés à 30 grammes de viande; un lapin coûte 20 francs, un chat 8, l'âne est à la mode et vaut 5 francs la livre ; avant peu le pain viendra à manquer aussi; aurons-nous en outre la peste et la guerre civile?

12 *novembre.*

Mauvaises nouvelles: Lyon, Marseille, Nantes, Toulouse, Bordeaux sont en proie à la guerre civile, nous tombons chaque jour et sans jamais toucher au fond du précipice. Pauvres amis qui êtes à Lyon, que je suis inquiète pour vous!

Il a neigé toute la nuit; les montagnes sont blanches du haut en bas avec çà et là de gros points noirs qui sont des batteries; le bruit court que le bombardement commencera demain.

Voici donc la ceinture de fer rivée décidément autour de nous, voici plusieurs jours qu'aucun messager n'a pu franchir les lignes prussiennes pour nous apporter des nouvelles de la province. Si encore quelque message rassurant nous arrivait du ciel; si dans cet horizon gris que nous fouillons de nos regards apparaissait l'aile blanche de ces colombes qui, du vaisseau de Paris ballotté sur les flots déchaînés, s'envolent comme de l'arche pour aller à la découverte, si l'une d'elles redescendait du haut du ciel rapportant dans son bec un vert rameau d'olivier; mais le ciel est désert et sombre, le froid paralyse les ailes de nos chers messagers, et si l'œil attentif découvre dans la nue menaçante un point noir qui semble se mouvoir en décrivant de grands cercles, c'est un oiseau de proie du Nord, un faucon allemand qui guettant sa proie sonde les abîmes de l'air et aiguise ses serres pour fondre sur le courrier aérien si vivement attendu par nous, le frapper de son aile puissante et le déchirer.

15 *novembre.*

Enfin il en est arrivé un de ces chers pigeons, et c'est la main tremblante, le cœur palpitant que j'écris ces lignes; il est arrivé aujourd'hui nous apportant non plus comme à Noé le rameau d'olivier, mais celui de laurier, celui de la victoire. Victoire, en traçant ce mot je sens mes yeux se voiler de larmes! victoire près d'Orléans, où triompha Jeanne d'Arc, victoire de l'armée de la Loire, cette armée que nous croyions n'exister que de nom. Oh! ces affiches blanches, comme l'on se pressait autour d'elles, comme l'on s'étouffait pour les lire; lorsque de loin j'ai aperçu la première, tout mon sang a reflué à mon cœur, j'avais peur, nous sommes si déshabitués de toute joie; cependant des visages souriants ont passé près de moi et il ne m'a pas fallu longtemps pour reconnaître que l'impression de cette foule était celle du bonheur. L'un lisait tout haut, l'autre copiait, d'autres commentaient; moi aussi j'ai écouté, j'ai lu et quand la foule me l'a permis, j'ai copié au crayon dans le creux de ma main. Ce griffonnage est presque illisible et s'effacerait bien vite, aussi je m'empresse de le transcrire ici :

« Gambetta à Trochu.

» L'armée de la Loire, sous les ordres du général d'Aurelles de Paladines, s'est emparée hier d'Orléans après une lutte de deux jours.

» Nos pertes, tant en tués que blessés, n'atteignent pas 2,000 hommes; celles de l'ennemi sont considérables. Nous avons fait plus d'un millier de prisonniers, et le nombre augmente par la poursuite.

» Nous nous sommes emparés de deux canons, modèle prussien, de plus de vingt caissons de munitions attelés, et d'une grande quantité de fourgons et voitures d'approvisionnement.

» La principale action s'est concentrée autour de Coulmiers, dans la journée du 9. L'élan des troupes a été remarquable, malgré le mauvais temps.

» Tours, le 11 novembre 1870. »

Tous nos malheurs étaient oubliés, l'allégresse était universelle et débordait dans tous les regards, dans toutes les paroles. Je sortais pour me rendre à l'ambulance, j'y ai couru; là aussi l'heureuse nouvelle était connue ; quelqu'un venait d'y porter la dépêche, on la lisait, la relisait, la commentait avec transport; nos chers blessés en étaient tout transfigurés; j'avais à peine franchi la porte que trois de nos convalescents s'étaient en même temps élancés vers moi, avec ce seul mot, ce mot qui vient d'opérer en nous quelque chose comme une résurrection : victoire! Et ils me tendaient les mains, les braves soldats; quelles flammes dans leurs regards! quelles vibrations dans leurs voix! — Victoire, oui victoire, mes amis, grande victoire. Nos mains se pressaient et tremblaient, nous retrouvions notre vieille gloire, nous retrouvions nos radieuses espérances; nous sentions le même sang bouillonner dans nos veines, le même amour patriotique faire battre nos cœurs. Tout Paris aussi sent cela aujourd'hui, tout Paris s'élance au delà de nos remparts et tend par-dessus les bataillons ennemis ses deux bras à cette armée dont les pas font frémir le sol de la patrie, fière de l'avoir vue sortir de son sein si jeune, si vaillante, si française. O Dieu! malgré nos fautes, malgré nos crimes, il s'en est tant commis, voulez-vous nous sauver, tant de supplications sont montées vers vous! Les petits enfants ont prié sur les genoux de leurs mères; les vierges qui vous sont consacrées ont tendu les mains vers vous; parmi ceux qui versaient leur sang pour la France beaucoup, sans doute, vous ont supplié de l'accepter pour elle; vos prêtres même à l'autel, ô mon Dieu, vous ont offert l'incomparable sacrifice qui a racheté le monde. Votre justice est-elle satisfaite? je l'espère. Ce peuple français, ce peuple parisien dans lequel tout patriotisme semblait éteint, se réveille; il demande avec des accents sincères, je le crois, un combat d'où puisse sortir un éclatant triomphe, et la journée du 9, la victoire de Coulmiers, n'est que le prélude de bien d'autres plus grandes encore, plus glorieuses, l'aurore de notre salut.

Que j'aurais voulu voir Georges aujourd'hui! que nous avons besoin, je le sens pour nous deux, de nous dire notre bonheur! Mon père bien-aimé, mes sœurs chéries et vous aussi, brave Guillaume, que vous devez être heureux!

17 *novembre.*

Quelqu'un qui est venu à l'ambulance aujourd'hui y a prononcé le mot d'armistice ; il disait que toute espérance de le voir conclure n'était pas perdue. Le malheureux ne l'a pas répété deux fois ; quelle explosion de cris, de colère et d'indignation! aller parler d'armistice au lendemain de notre première victoire et cela devant nos braves soldats qui tous supputent le nombre de jours qu'il leur faudra passer encore avant de reprendre leurs armes ! Ce matin, deux d'entre eux qui doivent nous quitter à la fin de la semaine causaient gaiement des bonnes leçons qui vont maintenant être données aux Prussiens et auxquelles ils espèrent bien coopérer de leur mieux. Un vieux sergent, qui a une affreuse blessure au pied, me jeta un regard plein de larmes. Je crus vraiment qu'il souffrait plus cruellement qu'à l'ordinaire et le lui demandai. — Ah ! mademoiselle, me dit-il, je souffre plus que jamais, c'est vrai, mais c'est de penser que la guerre sera finie avant que je puisse seulement marcher avec des béquilles. Brave cœur ! Je suis devenue impatiente jusqu'à la déraison, je voudrais déjà un second pigeon, une seconde victoire, puis immédiatement une grande sortie contre l'armée allemande ainsi prise entre deux feux.

23 *novembre.*

La grande sortie, la grande lutte se prépare, je crois ; avec quelle fébrile impatience on l'attend; si le gouverneur de Paris s'était laissé entraîner par les cris de la garde nationale, elle aurait eu lieu déjà, mais heureusement ce brave militaire sait résister à toutes les attaques dont il est l'objet et prend habilement ses mesures.

Ce chiffre énorme de combattants qu'on met toujours en avant, n'est pas, en effet, celui d'une véritable armée : cent mille soldats aguerris et bien disciplinés vaudraient certainement mieux que ces quatre cent mille gardes nationaux qui crient sans cesse et sans mesure, prouvant ainsi qu'ils ignorent, aussi bien que l'obéissance, les plus simples éléments de l'art de la guerre. D'ailleurs sont-ils bien sincères ? J'avoue que si je ne comptais que sur eux, ma confiance dans nos futurs succès serait bien ébranlée; je me souviens trop douloureusement de cette journée du 31 octobre; je sais trop combien est grande la perversité de beaucoup de ces hommes. Mais nous avons ces braves mobiles arrivés 70,000, dit-on, de la province avant l'investissement; le corps d'armée du général Vinoy, échappé à nos premiers désastres; d'autres vrais soldats encore; puis ces admirables marins si disciplinés, si joyeux, si énergiques, si bons pointeurs qui donnent à tous de si héroïques exemples; enfin une multitude de corps francs pas tous nécessaires, je crois, pas tous irréprochables et qui comprennent, à ce qu'évaluait Georges il y a quelques jours, un peu plus de 15,000 hommes. Voilà nos forces, ce n'est pas tout ce que je voudrais et cependant j'espère. Un décret, antérieur à l'annonce de la victoire de Coulmiers, a créé une nouvelle organisation pour la garde nationale en tirant de chaque bataillon 4 compagnies dites de guerre. Ces compagnies se composent en prenant : 1° les volontaires de tout âge; 2° les célibataires ou veufs sans enfants, de 20 à 35 ans; 3° les célibataires ou veufs sans enfants, de 35 à 45 ans; 4° les hommes mariés ou pères de famille, de 20 à 35 ans; 5° les hommes mariés ou pères de famille, de 35 à 45 ans. Mon voisin, le mari de Louise, n'a pas été pris, les compagnies de son bataillon étant formées avant qu'on arrivât à sa catégorie; je l'accuse d'en être enchanté. Le vilain homme ! et comme sa pauvre petite femme est malheureuse! Au moins voudrais-je la voir offrir à Dieu ses souffrances; par là elle les adoucirait tout en les sanctifiant et, comme le dit une jolie image emblématique qui est dans mon *Imitation*, ses épines de la terre se changeraient en roses pour le ciel. Elle ne sait pas le faire malheureusement et elle pleure sans consolation, elle pleure et ne sait pas se préparer là-haut la récompense éternelle. Ce n'est pas une âme impie, c'est une âme ignorante à ce point qu'elle comprend à peine ce qu'on lui dit des choses de la foi, et ne cherchant pas à les pénétrer les laisse échapper de sa mémoire. Je la vois fort peu, d'abord parce que je suis rarement ici, si ce n'est le soir, et ensuite parce qu'elle n'ose guère sortir de chez elle dans la crainte que son mari y rentre pendant son absence, et que moi je redoute pour elle plus encore que pour moi d'être surprise dans sa chambre. Je trouve son petit garçon bien pâle depuis quelques jours.

26 *novembre.*

Le mouvement augmente autour de nous. Depuis hier les troupes, les convois d'artillerie et de munitions défilent presque sans cesse accompagnés de voitures de toute sorte réquisitionnées pour le transport des vivres et des blessés. Quel immense matériel est donc nécessaire à une armée en campagne; celui-ci, quelque considérable qu'il paraisse à mes yeux au moins, est-il suffisant? On dit nos nouveaux canons excellents, supérieurs même à l'artillerie de campagne des Prussiens; plusieurs sont des dons faits au gouvernement par des bataillons de la garde nationale et des corps d'état. Il y en a qui portent des noms retentissants ou tout de circonstance : la Populace d'abord, réponse du peuple parisien à M. de Bismarck. Un canon, c'est bien, mais il y avait une plus glorieuse manière de réfuter l'insolent propos du ministre prussien : c'était de rester unis, de ne pas faire le 31 octobre, qui ne l'a que trop confirmé dans ses suppositions si humiliantes pour notre patrie; s'il lui plaisait aujourd'hui de répéter à un ministre français ce qu'il dit au mois de septembre à M. Jules Favre lors de leur entrevue de Ferrières : Si dans quelques jours, Paris n'est pas pris, votre pouvoir sera renversé par la *populace*, que répondrait celui-ci? Puis : Victoire, Délivrance, Vengeance, Châteaudun, nom cher et héroïque de la petite ville qui s'est ensevelie dans ses ruines et a donné à tous un si grand exemple, Chanson française, Châ-

4.

timent, etc. Beaucoup de bruit et de vide dans la plupart de ces appellations où se retrouvent cette jactance, cet amour du clinquant qui ont remplacé en nous les simples et solides vertus et nous ont été si funestes. Nous avons pourtant des pièces mieux dénommées : Marie-Jeanne dont la voix doit être particulièrement agréable à tous ceux qui aiment les beaux souvenirs de la Vendée; Joséphine dont la portée est dit-on supérieure à neuf mille mètres, d'autres encore qu'il serait trop long d'énumérer.

On a aussi fabriqué beaucoup de mitrailleuses et installé à l'île du Cygne, sur la Seine, une flottille couverte de batteries flottantes; la canonnière du lieutenant Farcy complète cet armement : on dit qu'elle a rendu de grands services. Pour moi, de tous les hauts faits qu'on lui attribue celui dont je me souviens le mieux, est la destruction de Saint-Cloud, accomplie de concert avec le mont Valérien. Pauvre Saint-Cloud, bijou historique et précieux qui étincelait au milieu de la riche ceinture nouée autour de la grande ville par tous ces villages dont les blanches habitations et les bois verts déroulaient si coquettement leur broderie gracieuse; eux aussi ont été en partie sacrifiés; avant le siége on a tenté de mettre le feu à ces bouquets touffus s'arrondissant au flanc des coteaux, à ces labyrinthes de feuillage où l'on aimait à se perdre à la suite des rossignols harmonieux; la flamme, il est vrai, a refusé de les dévorer, mais l'invasion, ce torrent de feu et de sang qui entraîne et renverse tout sur son passage, ne va-t-elle pas anéantir toute cette glorieuse parure?

O Paris, quel châtiment! Si tu pouvais au moins reconnaître tes erreurs, te repentir de tes crimes! si tu priais, si tu implorais la miséricorde divine, demain, après-demain, quand tu combattras tu obtiendrais la victoire.

La victoire, Seigneur, longtemps vous l'avez attachée au drapeau de la France, rendez-la-nous aujourd'hui, ne faites pas évanouir dans les ténèbres de la douleur la brillante aurore d'espérance qui vient d'illuminer nos cœurs.

21 *novembre.*

Je croyais mon voisin hors de tout service, je me trompais; il appartient toujours à l'honorable corps des tirailleurs de Flourens et continue à camper, le jour dans les cabarets, le soir dans les clubs, et une partie de la nuit de nouveau dans les cabarets.

Il y a quelques jours, il revenait plus qu'ému, le corps oscillant, le képi derrière la tête, serrant son chassepot entre ses bras comme une nourrice qui berce son enfant.

Il décrivait des S dans la rue et d'une voix pâteuse et émue il répétait en versant de grosses larmes et en caressant son arme :

— Moi te lâcher, non jamais, tu es un père pour moi, un ami, tu me donnes trente sous par jour; tu es un véritable ami, plus que cela, tu es mon atelier national.

Je n'ai pu m'empêcher de rire, quoique je ne sois pas très-portée à la gaieté; les ivrognes me produisent rarement cet effet, il doit le produire encore moins sur la pauvre Louise.

Elle vient de me quitter; son mari est de garde, m'a-t-elle dit; j'en doute, je soupçonne que ses absences nocturnes n'ont pas un but aussi patriotique, enfin je ne veux pas faire de jugement téméraire. Laure s'était endormie de bonne heure, il fait bien froid; aussi après l'avoir couchée, ma voisine m'a-t-elle apporté son petit garçon pour se chauffer chez moi.

Georges qui pense toujours à moi m'avait envoyé une provision de bois, ce qui par ce temps de cherté est un splendide cadeau; je fais donc du feu mais le moins possible et seulement le soir. J'ai ajouté une bûche pour ma visiteuse qui tremblait et cet enfant dont le visage pâle était tout marbré; ils se sont joyeusement chauffés l'un et l'autre : quand je dis joyeusement, ce n'est cependant pas le mot; ce baby à tête de chérubin que j'ai vu si gai, si vif, est toujours triste maintenant; on voit qu'il souffre, sa mère le voit aussi et elle est bien malheureuse, d'autant que ce mal ne peut qu'empirer si notre situation ne s'améliore pas.

Ce n'est pas seulement le bois qui est cher, les vivres sont à un prix qui dépasse toute idée ; pas plus tard que ce matin, un groupe s'était formé devant la devanture d'une boucherie hippophagique, canine et féline, au beau milieu de laquelle était exposé en grande pompe un chien décapité, écorché, paré, tout orné de feuilles de laurier et portant une étiquette annonçant au public que ce morceau de choix serait échangé contre une pièce de 20 francs.

Jusqu'ici les chiens avaient joui d'une exemption générale : ils erraient en liberté, gambadaient et se gaudissaient dans les rues, pendant que l'on poursuivait par tous les moyens possibles les *lapins de gouttières* sur les toits et jusque dans les escaliers, les rats dans les égouts et dans les caves ; on vient de découvrir que la gent canine est non-seulement mangeable mais excellente au goût. A présent ils n'ont plus qu'à bien se tenir, leur tour est venu.

S'il faut en croire les communications du gouvernement, âne, mulet, chats, chiens et rats ne sont pourtant pas indispensables à l'alimentation publique au moins pour quelques semaines puisque, d'après les calculs les plus modérés, il nous reste pour 28 jours de viande fraîche (bœufs et vaches), pour 45 jours de viande de cheval, 20 jours de viande salée et 10 à 12 jours de morue et de poisson.

Mais tout cela est si cher que tout est au-dessus des petites bourses ; ma voisine, qui travaillait pour le grand magasin de l'Abeille industrieuse et brodait de charmantes tapisseries, n'a naturellement plus d'ouvrage ; son mari, ouvrier excellent mais paresseux, a abandonné l'atelier et se garde bien de rapporter à la maison les trente sous que lui procure chaque jour son cher fusil, qui entre ses mains comme entre celles de bien d'autres n'est qu'une excuse à sa paresse. De là une misère affreuse. Louise ne se plaint pas, mais sa santé s'altère, son lait diminue d'une manière effrayante ; je crois que c'est là tout le secret de la pâleur et de la tristesse de son enfant.

Il n'est pas le seul à souffrir : toutes ces petites figures d'enfants que l'on rencontre dans la rue portent dans leurs traits sérieux et tirés, dans leur regard terne, dans toute leur expression, le sceau d'une maladie de langueur qui les pâlit et les éteint comme la gelée courbe et flétrit les fleurs. Rien n'est triste comme de voir ces pauvres petits êtres sans sourire et sans gaîté : ce ne sont plus des enfants, ce sont des vieillards qui n'ont pas eu le temps de devenir hommes et qui, souffreteux, tristes, allanguis, hésitent entre le berceau et la tombe.

Leurs frères les oiseaux, comme leurs sœurs les fleurs, sont atteints par le froid qui dans cette calamiteuse année s'annonce avec une intensité inaccoutumée. Rouges-gorges, pinsons et moineaux, tout ébouriffés par le froid, viennent quêter à ma fenêtre quelques miettes de ce pain noir dont il n'y a pas même assez pour l'immense population de Paris.

Auprès de tant de misères dont la vue fend le cœur, il semble qu'un pareil spectacle ne devrait être rien. Eh bien! pourtant, c'est quelque chose que le cri plaintif d'un oiseau, ses frémissements d'ailes, son regard suppliant.

Je compatis à leurs souffrances et, au risque de faire refroidir ma chambre où j'épargne le feu autant que possible, j'ouvre ma fenêtre pour émietter une partie de mon pain aux petits affamés qui viennent cueillir les bribes jusque dans ma main, sans craindre qu'elle se referme sur eux comme un piége.

Un médecin de l'ambulance contait aujourd'hui qu'hier au soir étant à un club rouge, au club Favier je crois, celui de la guerre à outrance, il y a été témoin des habiles évolutions que savent faire les Flourensiens pour mettre leurs précieuses personnes à l'abri de tout danger. On sait avec quelle ardeur messieurs les Bellevillois et leurs amis réclamaient la levée en masse et la sortie générale ; il paraît que le bruit s'étant répandu que le général Trochu en préparait une formidable, et que c'était dans cette intention qu'il avait mobilisé une partie de la garde nationale ; les prudents orateurs démocrates se sont mis à prêcher la paix à outrance.

Rien n'était plus curieux que l'énergumène qui, frappant d'un air terrible sur la tribune, s'écriait :

— Quoi ! Trochu et ses Bretons, Ibos et ses marguilliers, Ducrot le serviteur de l'homme de Sedan, les vils Vendéens, les infâmes réactionnaires vont marcher sur les Prussiens, et nous les purs démocrates nous consentirions à mêler notre sang généreux à ce sang impur ?

— Non ! non ! jamais ! répondent les patriotes.

— Nous sortirions avec ces bataillons liberticides ?

— Non ! non ! nous ne sortirons pas.

— Citoyens, je vois que vous m'avez compris et je vous en félicite ; non, nous ne sortirons pas, nous demeurerons dans Paris pour y protéger la liberté et conserver nos bras à sa cause.

Et voilà les hommes qui il n'y a pas quinze jours voulaient faire une révolution, pour forcer, disaient-ils, le gouvernement à leur permettre de marcher contre les ennemis de la patrie.

Quand donc se décidera-t-on à arracher le masque de ces tartuffes républicains !

Cette honteuse comédie ne ressemblait pas au joyeux entrain avec lequel le bataillon de Saint-Malo, campé depuis le 31 octobre aux Tuileries, est parti ce matin pour Tilmont, près Montreuil.

Au moment où il allait se mettre en route, un groupe de Frères des écoles portant le brassard des ambulances a passé devant le front du bataillon.

— Bonjour, frère Sosthène, a dit un officier breton au religieux que ses cheveux blancs désignaient comme le chef de la petite escouade.

— Dieu vous bénisse ! monsieur le lieutenant, vous et votre compagnie.

— De quel côté allez-vous ?

— A Tilmont.

— Nous aussi ; allons, tant mieux, nous nous y retrouverons, mais n'avancez pas autant que l'autre jour à Bondy; les soutanes ne doivent pas être à l'avant-garde, là où pleuvent les balles.

— Egoïste, répondit le religieux en souriant; si l'on vous écoutait, il n'y en aurait que pour vous, et saluant il continua sa route.

Où sont les lâches, je le demande, entre les sacristains ou les fiers patriotes?

Presque au même moment où se passait cette petite scène sur la place du Carrousel, deux pigeons appartenant probablement à l'administration des postes, traversaient Paris à tire-d'ailes; un instant après ils ont repassé volant dans une direction contraire et semblant indécis entre tous ces toits ouverts au-dessous d'eux et qui tous se ressemblent.

Chacun suivait avec anxiété le tournoiement de ces chers petits facteurs de la poste du ciel.

A qui et de qui portent-ils des nouvelles? Oh! si c'était de Lyon et des Vosges, si la petite dépêche roulée dans un tuyau de plume contenait des nouvelles de ceux que j'aime tant et dont je suis séparée!

Je suis bien sûre que déjà Louise a écrit plusieurs fois à son frère ou à moi; mais si beaucoup de pigeons partent par les ballons, bien peu reviennent au lieu d'où ils ont été expédiés; il y a les faibles qui ne peuvent pas supporter les fatigues du voyage, les imprudents qui se laissent surprendre en route, les étourdis qui perdent leur chemin, les oublieux qui ne se souviennent plus des amis laissés dans la souffrance; des oublieux, il s'en trouve tant parmi les hommes, comment ne s'en rencontrerait-il pas parmi les oiseaux?

Parmi ces derniers il n'y a du moins pas de traîtres; pourrait-on en dire autant des défenseurs de Paris?

Hier, le journal la *Presse* racontait d'une manière touchante la blessure faite à un de nos messagers ailés qui a failli être martyre de son héroïsme.

Je l'ai vu hier, j'ai assisté à sa rentrée au colombier natal et, toute sensiblerie mise à part, j'ai rarement éprouvé une sensation plus triste et plus pénible que celle que m'a donnée ce pauvre petit oiseau avec son aile blanche tachée de rouge.

Il est arrivé hier, à trois heures, par la pluie, l'eau ruisselait sur sa plume lustrée. Faible, maigre, affamé, il s'est abattu comme une pierre sur la planchette qui se trouve à l'entrée du pigeonnier; il avait eu la force de voler jusque-là, mais c'était son suprême effort, il était à bout de forces; il avait pu voler jusqu'à sa maison, mais il arrivait comme le guerrier de Marathon mourant, perdant son sang et résumant dans un suprême effort toute son énergie et toute sa fidélité.

Son maître, qui le guettait et qui observait depuis dix minutes son vol hésitant dans le ciel, l'avait bien reconnu, il allongea le bras et le prit, le pauvre oiseau exténué, doucement dans ses mains jointes et l'embrassa comme un enfant malade.

Et c'était, je vous assure, une chose touchante que la tendresse de cet homme pour cette petite bête souffrante qui venait de si loin! Le pigeon comprit-il cette caresse paternelle? reconnut-il son maître? Je ne sais, mais il renversa sa tête ronde avec un mouvement doux et câlin; il entr'ouvrit son bec et demeura là, dans les mains de l'homme, comme évanoui de lassitude et de joie; il se sentait sauvé et il se reposait confiant dans le creux de la main de celui qui l'a vu naître et grandir.

Et comme effrayée de cet assoupissement de l'oiseau, je disais :

Il se meurt!

Non, répondit-il, il est fatigué seulement, et il s'endort. Les pigeons de grand vol ont de ces lassitudes extrêmes; ils font des trajets énormes, soutenus par on ne sait quelle énergie ou quel instinct, et puis, exténués, ils s'arrêtent, ils dorment; leurs forces sont à bout, leurs ailes sont lasses et ils tombent. Celui-ci est dans ce cas. Dans une heure il n'y paraîtra plus, vous verrez.

Et soigneusement, avec mille précautions, il alla poser dans un nid d'osier plein de paille, l'oiseau qui ne bougeait plus, et dormait, non pas la tête dans l'aile, comme font ses pareils, mais renversée en arrière, comme font les petits enfants que la lassitude accable.

Quand l'homme eut déposé le pigeon, il s'aperçut que sa main était rouge.

Elle était tachée de sang.

— Mon pauvre voyageur est blessé, dit-il avec tristesse, quel est donc le bandit qui a eu le cœur de tirer sur ce petit animal !

Et il reprit le petit voyageur toujours évanoui et il l'examina attentivement. Il le tourna et le retourna, et nous vîmes alors que son aile droite était brisée à l'extrémité; elle saignait, et, vrai! cela était navrant à voir, cet aileron ensanglanté qui pendait, broyé par un coup de feu.

Ce pigeon estropié atteignait presque les proportions d'un soldat blessé au combat.

L'homme releva le bout brisé de l'aile, et cela réveilla l'oiseau endormi qui rouvrit les yeux et dont tout le corps fut agité d'un tressaillement douloureux.

Ce n'est pas l'heure des attendrissements puérils, et il n'est pas admis qu'un être humain se puisse apitoyer sur une petite bête qui souffre, un simple pigeon après tout, n'est-ce pas? Les esprits forts de ce temps trouveraient fort ridicule, à coup sûr, cette pitié pour une bête.

Et pourtant, quel chemin avait-il fait, ce pigeon, pour revenir à son maître! quels périls avait-il courus! quel instinct merveilleux l'avait guidé dans l'espace illimité, pendant vingt, trente, quarante, cinquante lieues peut-être!

Avec un soin extrême le maître examina alors l'oiseau, plume à plume pour ainsi dire. Il ne portait rien; soit que la dépêche qu'il apportait ait été mal attachée, soit qu'il ait été pris, dépouillé de sa lettre (il lui manque en effet à la queue la plus belle de ses plumes) et qu'il ait pu s'échapper, il revenait mais il n'apportait rien, rien que son aile broyée et l'estampille pâlie empreinte sur sa plume blanche.

23 novembre.

A travers ma cloison j'entends à droite les grognements du mari de Louise, à gauche la toux sonore de M. Cocardeau ; ni l'éclaireur républicain, ni le lieutenant conservateur n'ont jugé à propos de quitter leur maison aujourd'hui. Le secret de leur attachement extraordinaire à la vie de famille, ce soir, n'est pas difficile à pénétrer.

Au coin de chaque rue des groupes nombreux et animés stationnent devant les innombrables exemplaires de la double proclamation adressée au peuple et à l'armée par les généraux Trochu et Ducrot.

La sortie tant demandée va avoir lieu.

Cent cinquante mille hommes s'élançant de derrière nos murs à la suite d'un général qui a fait le serment de ne rentrer dans Paris que mort ou victorieux vont essayer de rompre le cercle de fer qui nous enserre et menace de nous étouffer dans une lente et douloureuse agonie.

Seigneur, Seigneur, épargnez votre peuple.

Tout Paris est dans l'angoisse ; les églises regorgent de soldats agenouillés, ce sont les braves; ceux qui avant de mourir te saluent une dernière fois, Mère de toute miséricorde; des pères en cheveux blancs, des mères désolées, des femmes, des sœurs, des enfants prient et pleurent devant l'autel; les rues sont presque désertes, les magasins presque tous fermés, le temps est lourd, l'atmosphère épaisse; une brume légère qui a tout le jour voilé le soleil, fait pâlir les becs de gaz et ne laisse que vaguement entrevoir à la tremblante clarté de la lune le Mont-Valérien, silencieux depuis plusieurs jours.

Tout autour de Paris les canons des forts et ceux des batteries ennemies s'observent en silence.

Voici près d'une semaine que dure ce calme effrayant, précurseur de l'orage.

On dit que ce prélude solennel dans la nature a pour principal effet de terroriser les animaux féroces qui, oubliant leur faim inassouvie, ne songent plus qu'à se cacher dans l'épaisseur des forêts ou dans la profondeur des cavernes; l'approche du moment décisif produit sur la vaillante armée des clubistes un effet semblable.

Quand le danger est loin, ils sont fanfarons à outrance, ils ne demandent qu'à exterminer l'ennemi, à sacrifier leur vie sur l'autel de la patrie; mais dès qu'ils voient l'ombre d'un péril, ils se cachent dans les caves et ne bougent plus

Il y a un mois ils s'insurgeaient pour sortir, aujourd'hui que le général Trochu leur dit : En avant pour la patrie! c'est une fuite générale, un sauve-qui-peut universel de tous les démocrates au fond de leurs trous.

Quelques bataillons de la garde nationale, il est vrai que ce ne sont pas les bataillons de la Commune, au contraire, se sont parfaitement montrés au feu. Le 72e surtout a été héroïque à l'attaque de Bondy. Le commandant Massiou y a été blessé à la tête des siens, mais cela n'a pas empêché de poursuivre l'ennemi la baïonnette dans les reins.

Les Allemands ne s'attendaient pas à être si dur menés, ils se sont retirés laissant derrière eux morts et blessés et se sont repliés avec une précipitation non dissimulée dans la forêt de Bondy.

Décidément cette forêt est prédestinée à donner asile aux voleurs.

Puisque je rends justice à la garde nationale où, malgré les Vincent, les Cocardeau et autres radicaux ou conservateurs, il se trouve de vrais et vaillants soldats; pourquoi n'en dirais-je pas autant des ambulanciers et ambulancières?

Certes, la croix rouge sert à dissimuler beaucoup de poltronneries, de vanités, de faux dévouements, mais sur quelques bras elle est ce qu'elle devrait être partout, l'enseigne du patriotisme, de l'abnégation, du courage même.

Je pourrais citer des noms qui méritent assurément tout autant l'ordre du jour que ceux des blessés ou tués à l'ennemi, qui n'épargnent ni leur bourse, ni leur santé, qui s'oublient pour les malades et qui, alors même que ceux-ci professent une religion autre, s'efforcent de leur procurer les secours de l'âme aussi bien que ceux du corps; oui, à une ambulance civile, j'ai été témoin de ce fait que ce fut une dame protestante qui la première réclama pour la salle dont elle était chargée, l'adjonction de Sœurs de charité et réfuta les mesquines objections d'amour-propre de certaines autres dames qui ne voulaient pas paraître au-dessous de leur tâche.

Ces noms, je ne les dirai pas même à mon journal, ceux et celles qui les portent m'en voudraient d'avoir voulu donner un piédestal à leur modestie. La vraie charité est comme la violette : elle ne fleurit et n'embaume qu'à l'abri des haies et du gazon; au grand air et au soleil ses couleurs se fanent et son parfum s'évapore.

Les bonnes Sœurs de la rue du Bac se multiplient; outre leurs ambulances, leurs fourneaux et leurs écoles, voici vingt d'entre elles qui viennent de partir pour Bicêtre afin d'y soigner 1,500 varioleux qui s'y trouvent.

J'ai eu beau prier sœur Saint-Etienne d'intercéder pour moi afin de me faire envoyer avec les religieuses, puisque je ne puis être bonne à rien à Georges, qui à chaque instant change de campement, jamais elle n'a voulu y consentir.

Je l'avais pourtant prise par son faible en lui représentant que j'étais presque une novice depuis la mort de ma sainte mère et qu'un jour je ferais, si Dieu le permet, partie de leur petit troupeau; elle m'a répondu : Raison de plus pour vous exercer d'ici là à l'obéissance; d'ailleurs, a-t-elle ajouté, pour peu que la guerre cesse et qu'il n'y ait plus de malades à soigner, nous allons être toutes mises en disponibilité; mais a-t-elle ajouté en souriant, nous avons une si nombreuse famille que rien qu'à servir nos frères les pauvres nous trouverons toujours à nous occuper.

Qui croirait en effet que les autorités soi-disant libérales ont choisi justement le temps d'épreuves que nous traversons pour persécuter tous les ordres religieux.

La municipalité du XIe arrondissement vient de retirer les écoles communales aux Sœurs, le maire de Saint-Denis en a fait autant ; je ne sais plus quel autre prêtrophage a chassé les Frères et fait enlever de leur établissement tous les signes de la religion catholique.

Il est bien entendu que ces violences stupides ont toujours lieu en vertu du principe de la liberté, commenté par les frères et amis retour de Toulon ou même de Cayenne.

Pour adoucir son refus, la bonne sœur Saint-Etienne m'a promis, si j'étais sage, de me permettre de suivre l'ambulance demain.

C'est demain, dans quelques heures seulement, que le grand choc va avoir lieu.

La mort aiguise sa faux pour la moisson sanglante, demain dans quelques heures une moitié de Paris prendra le deuil.

Demain il coulera bien du sang, bien des larmes, les veuves et les orphelins seront nombreux.

Malheur au pays dont l'ingratitude envers la Providence attire sur lui la colère de Dieu !

Malheur aussi au descendant couronné d'un moine apostat, à l'héritier de ces richesses volées ; malheur à celui qui cache son insatiable avidité sous le masque de la justice et de la piété.

Dieu qui se sert de Guillaume comme il s'est servi d'Attila, brisera le roi d'Allemagne comme il a brisé le roi des Huns.

Minuit !

Chaque heure sonne triste comme un glas qui tinte.

Ce n'est plus demain, c'est aujourd'hui. Voici le canon qui s'éveille. Chaque coup est précédé par un éclair rougeâtre qui ressemble au battement d'une aile de feu à l'horizon noir.

Prions pour ceux qui vont mourir.

Prions pour la France, afin qu'elle soit sauvée.

1er décembre.

Bataille livrée, victoire à demi gagnée, tout n'est pas fini encore; le combat doit continuer aujourd'hui, mais il s'éloigne des murs, les Prussiens fléchissent. Mère des anges, venez à notre secours, brisez la chaîne qui nous étreint, délivrez-nous. Quelle terrible bataille à l'est et au sud; depuis Sainte-Marie je n'avais rien vu de si formidable, la terre tremblait sous les décharges d'artillerie, pendant plus d'une heure on aurait pu compter trois, quatre et même cinq détonations par seconde, c'était une pluie de balles, d'obus, de boulets. Les forts de Montrouge, Bicêtre, Ivry, Charenton, Nogent, ont tiré sans interruption depuis une heure du matin jusqu'à trois heures de l'après-midi sur les Prussiens qui avançaient, pour empêcher le général Ducrot de passer la Marne le 30 novembre, car le 29 tout a failli être compromis par une crue de la rivière qui avait emporté les ponts. Je ne sais encore rien des mouvements, et quoique j'aie vu de près une partie de l'action, puisque notre ambulance était une des plus avancées, je ne puis me faire une idée d'ensemble de cette vaste opération. Les Frères des écoles chrétiennes sur notre gauche ont été sublimes d'héroïsme; ils allaient ramasser les blessés à quelques mètres des barricades, ils auraient dû tous être tués cent fois, un seul a été blessé : le doigt de Dieu est là.

L'ambulance de la Presse a couru aussi des dangers; les Prussiens, sans respect pour le drapeau à croix rouge et les sonneries du clairon, ont fait deux fois de suite feu sur les brancardiers; heureusement ils tiraient de trop près et, comme pour décharger leurs armes ils les appuyaient sur la cuisse, les balles ont passé par-dessus la tête des nôtres.

Les blessés sont nombreux chez nous, j'ai passé deux jours et une nuit à mon poste d'honneur, enfin j'aurai été utile à quelque chose.

J'y serais restée plus longtemps si sœur Saint-Etienne ne m'avait formellement enjoint de me retirer et de ne plus paraître jusqu'à demain dix heures.

En rentrant à Paris j'ai été arrêtée cent fois par des groupes en quête de nouvelles, tous ont été fort désappointés de mon ignorance, on se figure que je dois savoir quelque chose ; une bonne femme m'a même demandé si je n'avais pas rencontré son fils, un des cent cinquante mille soldats de Ducrot.

Comme je lui ai dit que je ne le connaissais pas.

— Un grand brun, a-t-elle ajouté, qui est caporal.

Louise en m'entendant rentrer est venue aussi me demander des détails, c'est elle qui m'en a donné ; ils sont navrants.

Pendant que les marins, les Bretons, les mobiles, la ligne et quelques bataillons mobilisés de la garde nationale rivalisaient de courage, les bataillons qui préfèrent de beaucoup les expéditions intra-muros que la guerre sous les remparts, ont profité avec leur lâcheté habituelle de ce que l'armée était sortie pour faire des perquisitions domiciliaires sous prétexte d'arrêter les accapareurs, mais en réalité pour piller.

Les accapareurs ! encore un de ces grands mots qu'exploitent avec tant de succès les charlatans de la démocratie.

Ces mêmes poltrons impudents font courir le bruit que Trochu est un traître qui a refusé l'aide de Garibaldi qui, avec 200,000 patriotes italiens, hongrois, polonais, grecs, etc., et un grand drapeau rouge, arrivait à marches forcées sur Paris. Mais Trochu, le jésuite botté, pour faire manquer ce coup glorieux, a fait une sortie dans l'intention de dégarnir Paris et de permettre aux Prussiens d'y entrer.

— Croyez-vous, mademoiselle qu'il faille être canaille ! m'a dit Louise.

— Comment pouvez-vous croire de pareilles absurdités ?

— C'est la vérité vraie, mademoiselle, a repris ma voisine en tirant de sa poche un fragment de journal au bas duquel j'ai lu ces lignes qui dépassent les bornes de l'impudence :

« Le Trochu et ses marguilliers auront beau conspirer, nous ne rendrons pas Paris, nous le brûlerons nous-mêmes, et perçant les lignes prussiennes nous irons chercher un coin de terre où nous puissions vivre à l'abri du drapeau rouge !!! »

Est-ce beau, est-ce généreux.

Ce qui l'est moins, c'est que le gouvernement, qui a le tort de ménager cette canaille au lieu de la faire marcher droit et ferme, ayant cru devoir envoyer un drapeau particulier à ces valeureux patriotes pour les exciter à marcher, ceux-ci qui ne veulent en aucune manière exposer leur précieuse existence se sont aussitôt écrié : que c'était une abominable perfidie du gouvernement pour désigner les patriotes aux coups de l'ennemi, mais qu'ils sauront la déjouer, qu'ils ne partiront pas et qu'à l'abri du mur d'enceinte ils veilleront au salut de la république.

Toujours les mêmes hommes; et ce qu'il y a de plus singulier, toujours des gens assez crédules pour les croire.

3 *décembre.*

Encore une bataille, encore une victoire hier. Désormais, le 2 décembre sera un jour doublement célèbre. L'illumination n'a cependant pas été splendide; loin de là : depuis le 1er décembre l'éclairage au gaz est supprimé, sauf pour les rues; nous étions rationnés pour les vivres, nous le sommes à présent pour la lumière.

Ce crépuscule inaccoutumé remplaçant le brillant éclairage de Paris a quelque chose de funèbre, car non-seulement les escaliers, les magasins, les passages et les cafés sont privés de lumière, mais malgré l'exception indiquée par le décret, les allumeurs de gaz ont soin d'oublier par ordre six becs sur huit par les nuits les plus sombres et huit sur huit celles où la lune a, comme disent les soldats, la permission d'onze heures.

Du reste la nuit venue, à quoi bon sortir de chez soi, outre qu'en temps de clubs et de tirailleurs de Flourens, il serait peu prudent de s'engager dans les rues pour peu que l'on eût une montre ou quelques pièces de monnaie en sa possession; ce serait aussi on ne peut moins récréatif.

Si Paris est aussi mal éclairé que le dernier village de la Lozère ou de l'Ardèche, en revanche il est assurément beaucoup plus sale; je ne sais si la république aime la propreté mais j'ai la certitude que les républicains ont pour elle un profond dédain. Tant qu'il n'a pas gelé les rues ont été un cloaque vaseux; depuis deux nuits elles commencent à se métamorphoser en glaciers raboteux sur lesquels, pour peu qu'il pleuve, il sera impossible de conserver son équilibre. Des théâtres, naturellement il n'en est plus question, des concerts pas davantage; les curieux de nouvelles n'ont même plus la ressource des cafés, puisque le gouvernement s'est vu obligé d'interdire aux journaux de donner aucuns détails sur les opérations militaires, détails qui aussitôt parus leur étaient exactement transmis par toute une armée de frères et amis ou même de sœurs et amies, car l'espionnage n'admet aucune exclusion.

Nous gagnons à cette indiscrétion antipatriotique, pour ne pas employer un mot plus sincère et en même temps plus juste, de ne rien savoir encore de certain, car le rapport ne sera affiché que demain matin.

La province sera mieux partagée que nous. Un ballon-poste, le *Jules Favre*, je crois, viens de partir de la gare du Nord pour lui apporter des nouvelles; je l'ai vu passer comme une étoile d'or qui glissait lentement dans le ciel; en ce moment il doit planer au-dessus des lignes prussiennes, salué peut-être par quelques coups de fusils impuissants à arrêter la nouvelle de notre triomphe envoyée en réponse à l'annonce de la victoire d'Orléans.

C'était bien le moins que de pouvoir expédier un bulletin de victoire à la France marchant au secours de sa capitale, à cette armée de la Loire qui, lorsque nous étions près du découragement, nous a ranimés par son héroïque triomphe. Nous ne connaissons pas les détails, mais nous savons au moins les principaux résultats. Nous savons que nos braves soldats ont vaillamment lutté pendant ces trois jours inoubliables, 29, 30 et 2. Malgré leur opiniâtre résistance, les Prussiens ont reculé.

Dès onze heures maîtres du plateau d'Avron, nous avions conquis une partie de ses positions et ce soir, victorieux malgré leur retour offensif, nos bataillons bivaquent sur les hauteurs de Villiers où hier encore l'armée du roi Guillaume se croyait fortement établie.

Combien je serais heureuse si tant de sang n'avait payé ce magnifique triomphe! Le brave général Renault est blessé mortellement! Que d'autres sur ces champs de bataille où ils sont allés si résolus, si pleins de vie, dorment du sommeil qui n'a point de réveil ici-bas! Combien d'autres remplissent nos ambulances!

Si demain comme on s'y attend les ennemis font encore un mouvement offensif pour reconquérir leurs positions perdues; si les boulets, les balles et les baïonnettes font encore de nouvelles et nombreuses victimes, je ne sais vraiment où nous pourrons loger nos blessés; toutes les maisons voisines du champ de bataille, les églises même quoique en général mal disposées pour recevoir des malades en sont encombrées; beaucoup peut-être, à l'heure qu'il est et par ce froid glacial qui nous est arrivé si subitement sont couchés dans la plaine, dans les fossés, au flanc des coteaux, dans les chemins creux.

Que de sang, de souffrances et de larmes pour une victoire!

Et vous, mon bon père, vous souffrez aussi par ces nuits froides plus froides encore dans le Nord, dans ces montagnes des Vosges où la neige est profonde, où le vent pleure dans les bois; vous n'avez pour vous exalter ni l'odeur enivrante de la poudre, ni les éclats du clairon, ni les éclairs de feu sillonnant d'épais nuages, ni la grande voix du canon; pour vous soutenir dans cette vie de privations, de fatigues, d'épreuves, vous n'avez que votre patriotisme invincible, vos principes austères, votre indomptable courage, la conscience de votre devoir de Français.

Puisse vous arriver au moins un écho de nos succès; puisse Louise vous faire parvenir de Lyon avec l'ordre du jour publié par le général gouverneur, l'annonce que Georges votre digne fils a été pour fait de bravoure nommé sergent-major sur le champ de bataille de Villiers et que sans recevoir la moindre blessure il a contribué d'une manière éclatante à la prise d'un canon ennemi dont il a sabré le servant au moment où celui-ci approchait la mèche enflammée de la pièce chargée à mitraille !

Je n'ai pas revu notre cher héros depuis son action d'éclat, mais je la tiens de deux de ses camarades et je ne doute pas que le ballon que j'ai vu glisser dans les ténèbres n'en donne bientôt la nouvelle à toute la France.

L'espérance du bonheur que vous éprouverez à cette annonce me remplit de joie, et cette joie serait complète si je pouvais espérer recevoir moi aussi ne fût-ce que quelques lignes de Lyon. Je suis bien sûre que Louise a écrit à son frère ou à moi, mais depuis le commencement du blocus bien peu de nos petits messagers nous sont revenus et je crains fort qu'à présent qu'ils seront paralysés par le froid ils ne reviennent moins encore. Georges ces jours derniers était tout triste de ce long silence, je suis persuadée qu'aujourd'hui il est moins abattu tant il est vrai qu'un événement heureux prête à toutes nos idées les riantes couleurs de l'espérance, de la confiance même.

4 décembre, midi.

A peine si j'ai quelques minutes; le rapport a enfin paru, il est affiché sur tous les murs; c'est plus qu'un succès que nous avons eu, c'est une véritable victoire; les Prussiens ont dit-on perdu dans ces deux jours plus de monde qu'à Gravelotte; le général Ducrot a été magnifique; c'est le lion du jour, lion est le vrai mot; jamais on n'a vu autant de courage et de sang-froid : il a eu deux chevaux tués sous lui et a couché sur les positions conquises.

Trochu le jésuite a été fort brave aussi, trop brave car il s'est fort exposé, et un général ne doit pas jouer sa vie imprudemment.

On s'est battu à Avron, à Gennevilliers, à Bezons, Buzenval et la Malmaison; c'était le prélude.

La vraie bataille a commencé le 29 au point du jour, par une vigoureuse sortie du général Vinoy sur Thiais, l'Hay et Choisy-le-Roi; sans l'obstacle opposé par la crue de la Marne l'action serait devenue générale.

Le 30, la rivière fut franchie et le plateau de Villiers enlevé à la baïonnette ainsi que les villages de Champigny et de Brie-sur-Marne.

Il paraît que le plus fort de l'action a eu lieu à Champigny. Deux cents Frères, sous la conduite de leur supérieur général le frère Philippe, ramaissaient les blessés jusque sous les balles ennemies; plus de dix fois les généraux ont dû leur ordonner de ne pas s'aventurer aussi loin.

Il y a huit jours les soldats riaient des robes noires et des frocarts comme les appelle Blanqui dans sa *Patrie en danger*, aujourd'hui ils leur présentent les armes.

Le frère Philippe ne comprend pas pourquoi on le salue; à ses yeux, ce qu'il a fait est si naturel.

Le soir la ligne de nos feux de bivacs brillait sur les coteaux de la rive gauche de la Marne.

Des points les plus élevés de Paris les habitants accourus en foule malgré le froid pouvaient, en calculant l'éloignement de cette illumination de la victoire, apprécier l'élargissement de la ligne de blocus

Cette bataille et celle du 2 décembre nous ont coûté, d'après le rapport officiel, 1,008 tués et 5,023 blessés.

Il faut visiter les ambulances pour comprendre la formidable éloquence de ces chiffres.

Le général Renault est au plus mal.

Il a fallu lui couper la jambe, qu'avait brisée un obus.

— La délivrance de Paris vaut bien cela, a-t-il dit en souriant.

Beaucoup d'autres sont morts victimes de leur dévouement et parmi eux l'intrépide comte de Néverlée, celui qui il y a quelques semaines à peine enlevait en plein Saint-Cloud une patrouille prussienne.

Sur cent quarante-trois hommes qu'il commandait, cinq seulement sont revenus.

Sont morts glorieusement ou se sont particulièrement distingués messieurs de la Charrière, de Grancey, de Plazanet, de Suzainnecourt, de la Vinglrie, Roger, Langlois, Frédaut, de la Marcoise, de Sazilly, de Bussières, de Bussy, Schultz de la Monneraye, de Podio, de Podenas, de Cambefort, de Kermoysan et plusieurs autres.

En lisant ces noms, on voit que les nobles savent encore mourir sur le champ de bataille quand il s'agit de l'honneur de leur pays, même sous la république.

En revanche, j'ai cherché en vain le nom d'un seul démocrate, de tous les héros de l'Hôtel-de-Ville ; je n'en ai pas trouvé un seul.

Ils restent à Paris pour sauver la république, disent-ils, mais en vérité pour sauver les républicains.

Ils font aussi autre chose, ils insultent grossièrement les Frères ; ceux qui revenaient hier du champ de bataille ont été accueillis par des injures dans le 20e arrondissement.

Pourquoi, puisque nous sommes vainqueurs, le général Ducrot a-t-il repassé la Marne, abandonnant les positions conquises? On dit, il dit lui-même que c'est pour faire reposer ses soldats, et que les Prussiens ne l'ont pas inquiété dans sa retraite; c'est possible, mais, malgré qu'on en dise, cette retraite m'inquiète.

11 heures du soir.

Le drapeau blanc était arboré sur le plateau d'Avron, le fort de Rosny et les lignes prussiennes ; j'en ai profité pour visiter une partie du champ de bataille, celle où, au dire du rapport, a eu lieu le plus fort de l'action. Que c'est donc affreux! les morts ont été ramassés et alignés sur le bord de grandes fosses, ils sont là étendus, raidis par le froid, presque tous nu-pieds, car dans la nuit les maraudeurs leur ont enlevé leurs chaussures, le képi jeté sur le visage, la capote trouée avec une grande tache rouge. Quelques-uns semblent dormir, d'autres ont conservé l'attitude dans laquelle ils sont tombés, d'autres encore sont affreusement mutilés.

D'ordinaire ceux qui ensevelissent les morts après une bataille sont des fossoyeurs gagés; la pipe aux dents, le blasphème aux lèvres, le flacon d'eau-de-vie appuyé à un tas de morts qu'ils ont déjà fouillés, ils font en plaisantant horriblement leur funèbre besogne et pour épargner leur temps et leurs bras, recouvrent à peine ces cadavres que les chiens viendront profaner.

Ici tout est différent : ce sont encore les Frères qui ont remplacé les mercenaires; ils sont là calmes, graves, recueillis, anges de paix, apportant l'amour et le recueillement sur le théâtre de la haine et de l'emportement.

Celui qui commande donne ses ordres d'une voix nette et brève; souvent un signe supplée aux mots ; sur la terre durcie par le froid il mesure la largeur et la longueur de la fosse, il en calcule la profondeur.

La fosse creusée, les corps déposés côte à côte dans leurs habits de combat, les fossoyeurs de la charité s'agenouillent et commencent un *De profundis*, qu'ils continuent en recouvrant les corps des victimes.

Puis sur le renflement formé par la terre noire ils plantent une croix et s'éloignent pour achever leur œuvre de miséricorde.

Dix, vingt, trente cadavres français ou prussiens dorment sous chacun de ces monticules dont la terre n'a pas encore été tassée.

L'année prochaine, la moisson poussera plus vigoureuse en cet endroit, puis la herse passera sur l'éminence déjà affaissée et quelques années plus tard le laboureur s'étonnera en ramenant un jour avec sa charrue ces os jaunis et effrités par le temps.

Notre course n'a pas été entièrement inutile, en redescendant le coteau en cet endroit couvert de broussailles, reste d'un bois dont les arbres ont été hachés par les boulets, nous avons trouvé couchée sans connaissance une femme dont une main crispée serrait encore le couteau dont elle se servait pour éventrer les sacs des blessés, et l'autre avait, sans doute pour chercher un point d'appui, lâché les bouts d'un tablier d'ou s'échappait le butin de sa nuit : chaussures, linges ensanglantés, montres d'argent, tout ce que recherchent ces glaneurs funèbres que les soldats désignent sous le nom de corbeaux de nuit.

Une balle lui avait brisé la jambe pendant qu'elle revenait chargée de son sacrilége butin.

Dieu s'était chargé de la punir ; nous la transportâmes hors du bois et la fîmes placer sur une voiture appartenant je crois à l'ambulance de la Presse.

J'espérais voir notre héros, le bon et brave George ; il était aux avant-postes et la sœur Saint-Etienne n'avait pas le temps de m'accompagner jusque-là.

A Paris, pluie de bonnes nouvelles ; un brave émissaire, parti d'Amiens, dit-on, est arrivé avec un sac de journaux, de lettres et de dépêches toutes plus rassurantes les unes que les autres.

L'une de ces dépêches est signée de Bourbaki ; en voici la teneur.

« Mes troupes sont prêtes à marcher. J'ai avec moi de l'artillerie et de la cavalerie.

» Je suivrai tes instructions. »

Allons, tout n'est pas perdu, et peut-être la revanche ne se fera-t-elle pas attendre aussi longtemps qu'il y avait lieu de le craindre.

Voici d'un côté l'armée de la Loire qui s'avance, refoulant devant elle les Prussiens ; les Vendéens de Kératry ne sont plus qu'à 13 lieues au sud-ouest de Paris, les Bretons de Kérisouet s'avancent par le nord-ouest, Bourbaki arrive par le nord, Trochu attaque par l'est.

Rien encore n'est désespéré, mais il faudrait de l'union et de la discipline, vertus dont les révolutions nous ont malheureusement trop déshabitués.

8 *décembre*.

Le brave général Renault vient de mourir; il s'était battu en vrai Français, il est mort en vrai chrétien. Deux de nos bonnes Sœurs de la rue du Bac assistaient à ses derniers moments; il avait demandé qu'on lui donnât l'extrême-onction. Un instant avant que le prêtre entrât, sœur Saint-Augustin se mit à genoux; le mourant entendit du bruit.

— Qu'est-ce ? demanda-t-il.

— C'est notre Sœur qui va prier pour vous, répondit quelqu'un.

— Oh oui, fit-il, priez bien, mes Sœurs, pour moi et aussi pour la France.

La grande foi accompagne toujours le grand courage.

Quant à l'incrédulité et au vice, ne lui demandez que de la lâcheté; les tirailleurs de Flourens viennent d'en donner un nouvel exemple.

On n'avait pas pu les envoyer au feu; ils s'étaient refusés à marcher, mais on espérait qu'au moins avec leur trente sous par jour, ils pourraient servir à garder des tranchées peu exposées.

C'était leur faire trop d'honneur.

Deux fois de suite ils se sont révoltés contre leurs chefs et sont rentrés dans Paris, désertant leur poste.

Pour toute excuse d'un crime que le Code punit de mort, ils ont allégué :

1° Que les républicains ne sont pas faits pour se battre;

2° Qu'ils avaient soif.

Pour les punir, le général Clément Thomas s'est contenté de dissoudre le bataillon des tirailleurs de Belleville et d'ordonner à ces ignobles fuyards de rendre leurs armes.

Ces bandits refusent, et leur digne commandant Flourens les approuve.

Il a fallu arrêter ce brouillon et le mettre en prison.

Ses soldats, mon voisin entre autres qui s'était tenu caché dans une armoire pendant les trois jours de la bataille, jettent feu et flamme ; ils ne veulent pas se laisser désarmer, se laisser enlever une arme qu'ils appellent si justement leur atelier national, puisqu'elle leur permèt de gagner trente sous par jour à ne rien faire et d'effrayer les honnêtes poltrons que la seule vue d'un fusil ferait rentrer à six pieds sous terre.

Jusqu'à présent le mari de Louise n'a pas voulu se dessaisir de son cher flingot.

— Souviens-toi, lui disait ma voisine, que tu n'as pas trois jours pour le remettre, sous peine d'être poursuivi comme détenteur d'armes de guerre.

Il descendait l'escalier pour aller à son club, il s'est retourné en jurant et a répondu :

— C'est bon, c'est bon; que les niais rendent les leurs à ce jésuite de Clément Thomas, moi je garde le mien pour lui envoyer une balle dans la tête comme à un chien qu'il est.

Une bonne nouvelle : la *Patrie en danger* cesse de paraître, danger de moins pour la patrie.

Une mauvaise nouvelle : on dit que la pourriture d'hôpital s'est mise au Grand-Hôtel occupé par l'ambulance internationale. C'était un résultat à peu près inévitable, non pas que l'ambulance n'ait été installée dans les meilleures conditions hygiéniques, mais parce qu'il y règne une saleté révoltante.

Eh ! mon Dieu, ce n'est rien que de s'appeler Sœur de France ou brancardière, ou directrice, d'avoir un costume coquet, un grand tablier blanc, un brassard et autres brimborions. L'habit ne fait pas le moine, la robe ne fait pas l'infirmière; on a beau être du meilleur monde, avoir les meilleures intentions, on ne s'improvise pas Sœur de charité.

Tout n'est pas de vouloir, il faut savoir, et malheureusement les dames et les demoiselles qui sont censées soigner les malades, sont tout à fait incapables de l'office qu'elles prétendent remplir.

Depuis que Paris se croit héroïque; chacun se taille un costume à sa façon : les hommes jouent au soldat, les femmes aux infirmières. La funeste épidémie du zèle nous a envahis, et nous sommes en pleine inflorescence d'ambulances : ambulances internationales, américaines, italiennes, sœurs de France, ambulances de la Presse, de l'Intendance, ambulances municipales, ambulances privées, que sais-je encore?

Si encore ces sociétés marchaient d'accord! Au lieu de cela, elles ne songent qu'à se jalouser et se chamailler, au grand détriment des malades, et pour leur corps et pour leur âme.

Un vénérable ecclésiastique me le disait encore hier : « Les unes ont trop de blessés, les autres sont vides; celles qui en ont plus qu'elles n'en peuvent loger jettent les hauts cris, réclamant les églises; et voilà que plusieurs chapelles ou églises, comme celles de la Trinité, de Plaisance, des Incurables, ont été requises pour être converties en ambulances, mesure qui ne peut donner que de très-funestes résultats, car les conditions hygiéniques d'une église sont détestables pour les malades. »

Dans tout cela l'influence occulte de l'esprit du mal se fait sentir. Une des meilleures manières de faire cesser le culte public, c'est, non pas de fermer les églises, mais d'en faire, au nom de la charité et du patriotisme, des magasins et des hôpitaux. Ce premier pas fait, toujours au nom de la tolérance et de la liberté de conscience, on éloignera les prêtres du lit des malades... pour ne pas les effrayer.

La sotte et mesquine jalousie de quelques directrices ou autres dames haut placées dans le nombreux état-major des ambulances, favorise cette sourde conspiration de l'incrédulité. Aux Tuileries par exemple, où une société tristement célèbre par son incurie, son gaspillage et son esprit d'intolérance, a remplacé les Sœurs; ces bonnes religieuses ont été expulsées si brutalement, qu'à peine si elles ont eu le temps de faire leurs paquets.

Il a bien fallu avoir recours de nouveau à elles pour parer à un désastre humiliant et au fiasco complet de mesdames les ambulancières, mais chaque jour le mal s'étend, et il est grandement à craindre qu'il ne devienne irremédiable.

J'oubliais qu'hier on a affiché dans Paris une lettre par laquelle le comte de Moltke informe le général Trochu que les Prussiens ont battu l'armée de la Loire et repris Orléans. Le gouvernement auquel l'Excellence prussienne offrait de faire vérifier la fâcheuse nouvelle, a répondu froidement qu'il remerciait monsieur le comte de son extrême obligeance.

S'il est vrai qu'Orléans soit pris, sans doute ce serait un malheur, mais qui n'a rien d'irréparable; seulement je souhaite que nos soldats reprennent bien vite la ville, ne fût-ce que pour s'y loger, car voici l'hiver qui s'annonce durement, la neige couvre la terre. On comptait sur une grande sortie pour demain, je doute qu'elle puisse avoir lieu. Que notre sainte Mère, la glorieuse Vierge, dont c'est aujourd'hui la fête, protége la France; quoique ce soit bien loin et qu'il n'y ait plus moyen de trouver une voiture, je suis allée prier à Notre-Dame-des-Victoires, pour tous nos combattants et pour Georges et son père en particulier.

10 *décembre.*

Cinq degrés de froid, il neige fortement, au dehors calme complet, pas un coup de canon depuis plusieurs jours.

Le gouvernement vient de faire réquisitionner tout le charbon au-dessus de 5,000 kilos mis en réserve par les particuliers; défense de fabriquer du biscuit; des attroupements se forment autour des boutiques de boulangers. Mauvais signe, mauvais signe.

J'ai passé une heure chez Louise, la pauvre femme est horriblement inquiète, son mari après avoir caché son fusil dans l'épaisseur du plancher, est sorti et n'a pas reparu.

La misère commence à se faire cruellement sentir dans ce ménage ; celui qui en sera la première victime, le petit garçon, fait mal à voir ; sa sœur quoique bien peu forte le portait entre ses bras enveloppé dans un vieux châle, d'où ne sortait que sa tête ; on eût dit une momie avec un visage de cire à la fois jaune et transparent.

Sa mère dit que du matin au soir il ne cesse de pleurer; il ne crie plus, il n'en a pas la force, ses larmes sont silencieuses comme celles d'un petit vieillard ; la faim le tue, sa mère qui n'a pas de lait pour le nourrir essaye d'y suppléer par du pain trempé ou plutôt délayé dans du bouillon. Le seul résultat obtenu est qu'il meurt moins vite.

Elle l'a porté au médecin des pauvres, qui l'a examiné. L'enfant est bien constitué, mais il lui faudrait du lait. Du lait à Paris dans ce moment !... La mère est rentrée en sanglotant.

17 *décembre*

Enfin j'ai vu Georges, il est venu passer deux heures avec moi et j'en ai profité pour renouveler sa provision de linge ; il en avait bien besoin, et a bien souffert sur le plateau d'Avron où ils couchent à peu près à la belle étoile.

Jusqu'au 14 tout allait à peu près, m'a-t-il dit, et l'on commençait à se faire à la gelée ainsi qu'à la neige, mais le 14 avec le dégel sont arrivées la pluie et la boue dans laquelle il faut bivaquer ; or je ne connais, ajoutait-il, rien de plus insupportable que de monter la garde en recevant la pluie sur le dos, sans trêve ni relâche et sans avoir même la distraction d'entendre un coup de canon, car depuis plusieurs jours les Prussiens semblent avoir disparu sous terre et c'est en vain que du poste de Champigny, la station la plus rapprochée de leur ligne, on cherche à les apercevoir.

Je lui ai demandé s'il croyait que le bombardement dont on parle toujours commencerait bientôt.

— A vous dire vrai, m'a-t-il répondu, je suis du nombre de ceux qui en doutent, non pas que je pense avec certaines personnes que leurs batteries ne soient composées que de canons en bois peint pour faire illusion, mais je ne serais pas étonné qu'ils n'osassent pas, par crainte de soulever toute l'Europe, faire pleuvoir leurs obus incendiaires sur Paris, la capitale du monde artistique et savant.

Je n'ai rien voulu objecter, mais je ne partage pas cette opinion de Georges. Si les Prussiens n'ont pas encore bombardé Paris, c'est qu'ils n'ont pas pu; le jour où ils seront en mesure de le faire, ils n'y manqueront pas plus qu'à Strasbourg, et s'ils ne se montrent pas, c'est que probablement ils ont tout intérêt à travailler en secret à quelques formidables batteries qu'ils ne démasqueront qu'au moment de s'en servir.

Il paraît que nos généraux ne se laissent pas endormir par cette inaction apparente; le nombre de nos canons s'accroît chaque jour dans des proportions formidables et nos remparts comptent quatre ou cinq véritables monstres qui envoient avec une incroyable justesse des masses de fer à 8 et 10 kilomètres.

Pour peu que l'artillerie continue à progresser de la sorte, on se canonnera de Paris à Berlin à la prochaine guerre; en attendant, voici un nouvel engin de destruction qui vient de faire son entrée en scène. Ce volcan qui se meut s'appelle locomotive blindée; dernièrement les postes prussiens situés sur la route de Montfermeil ayant aperçu une de ces locomotives qui se promenait sur la ligne s'avancèrent pour faire feu dessus; elle était armée d'une mitrailleuse dont la première décharge en coucha la moitié par terre, et la seconde tua ou blessa tous les survivants. Cela fait, la locomotive se retira.

Au plateau d'Avron ils ont aussi, m'a conté Georges, une distraction, celle d'essayer leurs canons nouveaux sur les Prussiens. Pour cela il s'agit de découvrir un groupe de casques pointus, chaque officier fouille l'horizon avec sa lunette; le nid à Prussiens découvert, un pointeur hors ligne, le capitaine Pothier, braque sa pièce et envoie un boulet qui rarement manque le but.

Triste distraction que celle de tuer son semblable pour passer le temps, et voilà pourtant à quel point de sauvagerie nous mène l'ambition de Leurs Majestés les empereurs Guillaume et Napoléon.

A défaut de bombes incendiaires, les Prussiens ont envoyé sur Paris deux canards d'une prodigieuse envergure sous forme de dépêches.

Ces bons Allemands, ils s'imaginaient nous plonger dans la consternation et renouveler parmi nous la fameuse journée des Dupes, en nous expédiant par nos propres pigeons de fausses dépêches.

L'invention était digne d'un cerveau prussien et l'exécution n'était pas plus ingénieuse.

Un ballon monté, le *Daguerre*, parti de Paris, était tombé à Ferrières; les Prussiens s'emparèrent de quelques-uns des pigeons emportés par les aéronautes et après avoir tenu conseil ne trouvèrent rien de mieux que de fabriquer de fausses dépêches, de les attacher aux plumes des pigeons et de les lâcher.

Le lendemain, deux de ces charmants petits messagers arrivèrent à Paris, frais et dispos comme s'ils fussent revenus d'une simple promenade aux Champs-Elysées.

Evidemment ils ne revenaient pas de loin.

Cependant ils apportaient des dépêches de la plus haute importance annonçant les succès des armes prussiennes, l'abattement de la nation, la défaite de l'armée, la position désespérée du pays.

Evidemment, après avoir lu ces dépêches, le gouvernement n'avait plus qu'une chose à faire, rendre Paris.

Il se contenta de faire imprimer ce petit factum berlinois écrit en langue velche et signé du nom de A. Lavertujon, secrétaire du gouvernement et qui, au su de tout Paris, n'avait pas quitté la ville.

Si messieurs les faussaires avaient l'intention de nous égayer ils ont bien réussi; depuis longtemps on n'avait tant ri.

Je dois à Georges la copie d'une de ces dépêches; je la consigne dans mon journal : elle donnera une idée de l'ingéniosité et de la science de ses rédacteurs.

Tours, 8 *décembre*.

Rédacteur *Figaro*, Paris.

« Quels désastres! Orléans repris! Prussiens deux lieues de Tours et Bourges! Gambetta parti Bordeaux! Rouen s'est donné! Cherbourg menacé! Loire n'est plus! fuyards, pillards, population rurale partie connivence Prussiens! Tout le monde en a assez! Champs dévastés! brigandage florissant! manque de chevaux, de bétail! partout la faim, le deuil, nulle espérance! Peuple veut dire son mot! »

Le peuple s'est contenté de rire de bon cœur et moi aussi.

Ce qui est moins amusant, c'est qu'il a fallu désarmer le 147e bataillon de Belleville : c'est le troisième qu'on a été obligé de licencier.

Louise n'a pas retrouvé son mari, elle le cherche dans toutes les ambulances. Petite perte, en vérité.

20 *décembre*.

Le sang va couler de nouveau. Il y a quelque chose dans l'air qui annonce une prochaine bataille. Le canon a grondé depuis hier soir jusqu'à deux heures du matin, et les lueurs sanglantes qui déchiraient les ténèbres sur plusieurs points de l'horizon, prouvent que les obus du mont Valérien et de quelques autres forts ont allumé au loin de nouveaux incendies.

C'est à coups de canon que Paris effeuille, village par village, villa par villa, parc par parc, château par château, tous les fleurons de sa précieuse couronne.

Hier encore je regardais au fronton de l'Hôtel-de-Ville l'écusson de Paris, un vaisseau voguant à pleines voiles sur une mer riante. Que les temps sont changés! l'orage a soulevé les vagues, déchiré les voiles, brisé les agrès, emporté le gouvernail; pour sauver le vaisseau il faut jeter à la mer sa riche cargaison, raser le navire pour l'alléger et recourir aux pompes sans trêve ni relâche.

Puissent tant de sacrifices ne pas être perdus.

Pendant tout le jour le vent a soufflé par rafales, refroidissant la température et raffermissant le sol détrempé par les dernières pluies. En ce moment il gèle fortement, le gaz brille avec un éclat particulier et le pavé, qui il y a trois ou quatre heures était encore humide et glissant, est sec et sonore.

Depuis hier les portes de Paris sont absolument fermées sans qu'il soit permis à qui que ce soit de les franchir sans être muni d'un laissez-passer.

C'est une précaution qu'on aurait dû prendre il y a déjà longtemps, peut être eût-elle mis un terme à l'abominable spéculation des patriotes clubistes qui, ne trouvant pas suffisante la paye de un franc cinquante qu'ils reçoivent pour garder un fusil fort mal placé entre leurs mains, envoient leurs femmes et leurs enfants porter chaque matin nos journaux aux Prussiens qui, pour quelques thalers, sont ainsi parfaitement informés de tout ce qui se passe chez nous.

Tout dernièrement les brancardiers ont ainsi ramassé une jeune femme qui s'était aventurée jusqu'auprès de la forêt de Bondy : une balle perdue lui avait traversé la jambe et brisé le genou, il a fallu faire l'amputation.

— Voyez, lui a dit le médecin, à quoi on s'expose pour faire un commerce coupable.

— Je ne regrette que de ne pouvoir plus y retourner, a-t-elle répondu effrontément ; pour nous autres l'or n'a pas de pays.

Nous autres dans sa bouche ne pouvait signifier que les outranciers, puisque son..... mari est un des plus chauds orateurs du club Favier et le même qui réclamait encore dernièrement l'abolition de toute religion.

Il y a tout une autre classe de misérables dont la fermeture des portes va singulièrement gêner l'industrie ; les voleurs qui s'introduisent de nuit dans les maisons abandonnées de la banlieue, s'y installent, font des fouilles et se livrent à de véritables travaux pour découvrir les cachettes pratiquées par les propriétaires surpris par l'arrivée des Prussiens et ne quittent la place qu'après s'être assurés qu'il n'y a plus rien à soustraire; les corbeaux ou écumeurs de champs de bataille, voleurs sacriléges trop souvent doublés d'assassins et dont le couteau destiné à éventrer un sac se plonge au besoin dans la poitrine d'un blessé qui pourrait revenir à la vie et dénoncer son spoliateur; puis enfin cette dernière catégorie de maraudeurs beaucoup moins criminels assurément, qui la nuit vont presque sous le feu de l'ennemi couper dans les champs des choux et des salades, ou déterrer des oignons et des pommes de terre qu'ils viennent revendre ici à prix d'or.

Je comprends que de pauvres diables qui meurent de faim et qui se disent qu'après tout ce qu'ils ne ramasseront pas sera perdu pour tout le monde, aussi bien pour le propriétaire que pour eux, se laissent tenter par le haut prix des denrées. Un chou vaut 3 francs, un poireau 50 centimes, une betterave d'un kilogramme pas moins de 2 francs.

Voici un aperçu du prix des herbages et des légumes. Quant à la volaille il n'y a plus à en parler; après avoir valu 70 francs pièce, les oies ont disparu tout aussi complétement que les poulets à 25 francs. Il y a encore quelques lapins dont le prix varie entre 40 et 50 francs.

Chiens, chats et rats sont à une hausse effrayante, et il paraît qu'eux aussi lisent les journaux et savent à quoi s'en tenir sur les dangers auxquels ils sont exposés, car les plus habiles chasseurs ont toutes les peines du monde à en approcher. Mme Cocardeau en fera une maladie; elle ne quitte plus son chat, je ne dirai pas des yeux, mais des bras.

— Pauvre animal, a-t-elle daigné me dire l'autre jour, que je la rencontrai marchandant un rat dont un gavroche lui demandait deux francs, il me mange trois francs par jour et encore il maigrit.

— A votre place je le mangerais, lui, et ça m'engraisserait, fit le gamin en regardant le chat d'un œil d'envie.

Mme Cocardeau poussa un cri d'horreur.

— Il le mangerait comme il le dit, le monstre !

— Pardine, riposta-t-il en faisant sauter sa pièce d'argent, et quand j'aurais fini, je lui donnerais les os avec un peu de sauce, vous verriez, ça lui ferait plaisir.

Je n'ai pu m'empêcher........

On frappe......

21 décembre, 3 h. du matin.

C'était Georges, il traverse Paris avec son bataillon campé pour quelques heures sur la place dont de ma fenêtre j'aperçois toute une moitié. Ils vont se battre, il est venu me serrer la main. Cette nuit Paris est si animé qu'il n'y a aucun inconvénient à sortir, je suis descendue avec lui et nous sommes allés prier ensemble dans l'église qui est toute remplie de Bretons.

Si j'étais colonel, j'aimerais à voir mes soldats prier et se confesser avant de marcher à l'ennemi : les gens qui se sont préparés à la mort ne la craignent pas.

Je le croyais à Avron ; au lieu de cela depuis deux jours ils sont à Créteil, où ils sont venus précipitamment relever le 200e bataillon de la garde nationale, un bataillon de patriotes à bonnets rouges qui, pour se donner du cœur devant l'ennemi, n'avaient rien trouvé de mieux que de s'enivrer, chef de bataillon en tête.

Je transcris la dépêche du général commandant à Vincennes, elle est digne d'être conservée dans les archives du patriotisme républicain :

Commandant supérieur de Vincennes,
à général Clément Thomas.

Chef de bataillon du 200e ivre ! La moitié au moins des hommes ivres ! Impossible d'assurer le service avec eux. Obligation de faire relever leur poste. Dans ces conditions la garde nationale est une fatigue et un danger de plus.

Georges ne sait pas positivement où il va; ce sera pour le moment au fort d'Aubervilliers, puis...... là où il sera nécessaire.

On a eu cette fois la précaution de leur faire prendre leurs couvertures; ils les portent d'une manière originale, suspendues par devant et pliées de manière à tenir l'estomac et la poitrine chaudement, tout en faisant à la fois plastron contre les balles et manchon pour se dégourdir les doigts.

A en juger par le déploiement de forces, l'affaire sera sérieuse; les grandes rues sont autant de fleuves roulant des flots de soldats, artillerie, cavalerie, infanterie, mobiles, volontaires, troupes régulières et gardes nationales, vers la porte de Vincennes.

Point de bruit, pas de cris, pas de chansons, mais de l'entrain, de la résolution et chez le plus grand nombre le désir de bien faire.

On sent que le moment des forfanteries est passé, que le danger est sérieux et que pour y échapper il faut agir sérieusement.

Plus qu'à la dernière bataille la devise doit être aujourd'hui :

Vaincre ou mourir.

A présent ils sont partis; j'entends encore le clairon dont les sons vont en s'éteignant.

Que ne suis-je un homme, je serais là-bas au lieu de demeurer dans cette chambre où l'inquiétude me dévore.

4 *heures.*

J'ai cru entendre le canon, je me suis trompée.

6 *heures.*

Rien encore. Mon Dieu que le temps est long quand on attend.

7 *heures* 1/4.

Un, deux, trois, quatre, on ne peut plus compter, tant les coups se précipitent; c'est Aubervilliers qui donne le signal, c'est là qu'il est.... à genoux, c'est le moment de prier.

6 heures du soir.

Une dépêche du général Schmitz affichée sur tous les murs annonce que le combat engagé ce matin continue avec des chances favorables.

Quel sera le résultat définitif? J'espère et je tremble. Jusqu'à présent il ne nous est pas arrivé de blessés; on ne les a pas encore relevés, ils sont là-bas étendus sur la terre glacée; mon cœur se brise en y pensant. Le froid augmente, le ciel est sombre et de gros nuages gris courent vers l'est. Il n'y a presque plus de gaz à Paris et le pétrole le remplace dans bien des quartiers, mais quel éclairage. Je ne sais rien de triste comme cette obscurité, surtout quand ces jours-ci la neige enveloppait la grande ville dans ses plis semblables à ceux d'un suaire. Point de bruits de pas, la neige les étouffe; peu de bruits de voix, les passants glissent comme des ombres dans les rues naguère si animées, si brillantes, si illuminées par le quadruple cordon de feu de ses lampadaires et de ses magasins. La plupart de ces derniers sont fermés aujourd'hui, et la lampe à pétrole laisse seule tomber sa lumière vacillante à travers les lanternes tapissées de givre.

A la vue de tant de tristesse on pense invinciblement au cierge qui veille au chevet des morts, et on se demande avec une irrésistible terreur si ce n'est pas un tombeau qu'elle éclaire, une agonie à laquelle on assiste.

11 heures.

Pas de nouvelles, des bruits contradictoires, rien....... je suis dans l'huile bouillante. Pour m'arracher à moi-même j'ai allumé mon feu et je suis allée inviter la pauvre Louise, que j'entends tousser, à venir m'aider à faire de la charpie. Elle ne pouvait pas venir, mais elle m'a donné très-volontiers sa chère petite Laure qui pleurait de froid et qui m'a suivie portant son petit tabouret pour mieux se chauffer.

Cette petite est vraiment gentille, son babil m'a un peu distraite. Le feu devant lequel elle était assise lui avait fait monter des couleurs au visage; pendant qu'elle parlait, lèvres roses, yeux bleus, fines narines, tout riait en elle. Pauvre enfant! elle est si peu habituée aux caresses et elle se trouvait si heureuse de n'avoir pas à redouter l'arrivée de son père, et si étonnée de trouver quelqu'un qui répondît à tout ce qu'elle avait à débiter.

Sa mère l'aime tendrement, je n'en doute pas, mais la malheureuse tant à souffrir de son détestable mari, que son abattement intérieur, son affaissement continuel, car elle ne sait pas chercher au ciel ce qui lui manque sur la terre, se reflètent dans sa physionomie toujours douce, mais toujours triste.

Je ne sais si je l'ai déjà noté dans mon cahier; elle a après plusieurs jours d'absence retrouvé son mari blessé à l'ambulance des dominicains d'Arcueil.

Sa blessure n'est pas grave, mais je la crois encore moins honorable; il paraît que c'est une sentinelle française qui a tiré sur lui au moment où il revenait des lignes prussiennes. Il avait dans la poche de son gilet deux pièces d'or étrangères et dont il a cherché a expliquer la provenance sans pouvoir y parvenir. Il est heureux de n'avoir pas passé en conseil de guerre, messieurs les juges auraient été moins indulgents et moins crédules que les bons Pères qui le traitent de leur mieux et contre lesquels il ne cesse de vomir les plus grossières injures.

Pour le moment Louise en est débarrassée, mais avant huit jours il sera de retour.

Je crois, et vraiment je n'ai pas la force de dire je crains, qu'il ne retrouvera pas son petit Gustave. Depuis que sa mère n'a plus de lait à lui donner, le malheureux enfant dépérit de jour en jour; grâce à la sœur Saint-Etienne, j'ai cependant obtenu pour lui du médecin un certificat qui lui donne droit à une portion de lait distribuée par une cantine spéciale pour les enfants de moins de deux ans. Mais cette nourriture n'est pas donnée en quantité suffisante, et malgré sa soupe au chocolat, il pâlit, perd ses forces et s'étiole comme une fleur frileuse dans l'angle d'une cour humide où n'arrivent pas les rayons du soleil.

Quelle pitié j'éprouve quand passant mes doigts sur ses bras mignons, je les sens chaque jour s'amollir davantage; quand je regarde ses lèvres sans couleur, ses yeux sans vie; que je compare ce petit visage presque livide au souvenir qui m'est resté de cet enfant si beau, si fort, si gai; que je vois sa mère pâle, immobile, le front courbé vers ses genoux sur lesquels il sommeille péniblement et laissant de ses yeux rougis couler une à une des larmes amères.

24 décembre.

Beaucoup de poudre brûlée, beaucoup de sang versé; le Bourget pris, perdu, repris et abandonné; une affaire brillante, mais infructueuse, voici tout le résultat de la sortie du 21.

Nos marins ont été admirables. Six cents d'entre eux n'ayant pour toute arme que leur hache de combat se sont rués sur les batteries prussiennes avec une impétuosité sans pareille et ont pris le Bourget à l'abordage.

C'était splendide, mais insensé : deux cent soixante-dix d'entre eux sont restés sur le champ de bataille; les autres attaqués dans le village par des masses de Prussiens ont dû se retirer. Les Prussiens ont fait, ils l'avouent, des pertes énormes en hommes, mais ils ont conservé leurs positions, en d'autres termes, comme me disait un soldat blessé : nous leur avons bien meurtri les doigts, mais sans pouvoir leur faire ouvrir la main avec laquelle ils nous serrent à la gorge.

Hélas! tout tourne contre nous, il faut bien l'avouer.

Le 21, au moment où l'artillerie peut seule nous faire remporter la victoire, un épais brouillard s'étend comme un rideau au-devant des canons, cache l'ennemi à nos artilleurs, commence par gêner leur tir, et finit par le paralyser.

Le combat terminé, le vent a brusquement sauté à l'est, éclairci le ciel et refroidi la température à tel point que nos soldats se trouvent dans l'impossibilité d'ouvrir des tranchées pour s'abriter contre le feu incessant de l'ennemi.

Dans la nuit du 21 au 22, nous avions 5 degrés au-dessous de 0, 7 le 22, 10 le 23; ce soir il y en a près de 14 et la bise souffle toujours.

Combien doivent souffrir nos malheureux soldats si mal vêtus, exposés sans tentes, sans baraques, sans gourbis, sur ce plateau d'Avron où ils n'ont pas même la ressource d'un fossé dans lequel ils puissent se coucher.

Au commencement du siége, on disait, je me le rappelle parfaitement : Vienne le froid, et les Prussiens bloqués par la neige seront perdus. Oui, toujours perdus, à entendre les optimistes, et en réalité c'est sur nous que retombent toutes ces prédictions.

Depuis la reprise du froid, ce sont nos soldats qui souffrent, que l'on rapporte par centaines aux ambulances, gelés, courbaturés, atteints d'ophthalmies ou de pneumonies, tandis que les Prussiens, munis de chauds vêtements, d'épaisses peaux de mouton, frottés de graisse et d'huile, nourris d'aliments chauds et de plus habitués à supporter dans leur pays une température beaucoup plus rigoureuse que celle de la France, s'enfoncent dans des trous creusés avec art et y dorment à l'abri des morsures du froid.

Au nombre non pas des blessés, mais des malades, est notre cher Georges, il a eu un pied gelé à la ferme du Drancy; heureusement on s'en est aperçu assez à temps, et il a pu être transporté à l'ambulance des Frères, où je l'ai vu hier. La congélation n'était pas com plète, il en sera quitte pour quelques jours de repos, je n'ose m'en affliger, quoique lui s'en désespère.

D'autres ont été moins heureux, je devrais dire plus heureux au contraire, car pour les deux victimes auxquelles je fais allusion en ce moment, la mort n'a assurément pas été autre chose que l'entrée dans l'éternelle félicité des justes, et je suis bien persuadée que s'ils ne combattent plus pour la France, ils prient pour elle au pied du trône de Dieu.

L'un et l'autre ont péri assassinés par les Allemands.

Le premier assassiné a été le frère Nétehlme de la Doctrine chrétienne, âgé de 31 ans.

Le feu venait de cesser afin de permettre aux ambulanciers d'aller relever les blessés; une escouade de ces Frères intrépides que guide le noble frère Philippe, malgré ses 81 ans, s'avança aussitôt dans la direction du Bourget le drapeau haut, et tout aussitôt les brancardiers se séparant, se mirent à la recherche des blessés sans acception de nation ou de religion. Tout à coup, sans provocation aucune, sans qu'un seul coup de fusil eût été tiré du côté des Français, les Prussiens dirigèrent une vive fusillade sur les ambulanciers. Frère Néthelme était à genoux courbé sur un blessé, une balle l'atteignit au défaut de l'épaule, traversa le poumon et alla sortir par le côté; on le releva mourant et on le transporta à l'ambulance de Saint-Denis.

Il y a vécu trois jours encore, et ce n'est qu'aujourd'hui qu'il a rendu sa belle âme à Dieu. La France aura en lui un puissant intercesseur.

Quelques heures après, pendant le silence de la nuit, des Prussiens cachés dans les caves de la Ville-Evrard où l'on avait dédaigné de les fusiller, assassinaient presque à bout portant le général Blaise, qui se réchauffait tranquillement auprès d'un feu de bivac avec ses aides de camp.

Ses collègues et ses soldats l'appelaient l'homme du devoir, cela n'a rien d'étonnant, c'était un catholique sincère; quand on releva son cadavre, car il tomba foudroyé, on trouva sur lui l'explication de cette honnêteté militaire qui avait frappé d'admiration tous ceux qui l'avaient connu : sur la poitrine une médaille de la Vierge, dans la poche de sa tunique, un volume de l'*Imitation*.

Dans quelques heures minuit, minuit, c'est-à-dire Noël, la grande fête du monde chrétien. Pauvre fête, combien elle est triste cette année. On ne célébrera même pas la messe de minuit, au moins dans les églises et les chapelles publiques. J'avais espéré pouvoir aller l'entendre chez les Sœurs de la rue du Bac, et voici que sœur Saint-Etienne vient de me faire prévenir par le bon Athanase, un domestique de la maison, que la communauté serait, elle aussi, privée de la consolation d'assister à cette heure solennelle à la naissance de l'enfant-Dieu.

Noël! aurais-je jamais pu soupçonner l'année dernière que cette année, à pareil jour, je serais seule assise dans une petite chambre, à Paris, devant deux petits tisons presque éteints; que de la maison où je demeurais alors il ne resterait plus pierre sur pierre; que de funestes événements auraient dispersé aux quatre vents les parents avec lesquels je passais la joyeuse veillée; que l'église dont la cloche nous appelait en chantant serait tombée sous les boulets, et qu'entre les deux Noëls de 1870 et de 1871 serait creusé un insondable abîme de catastrophes, de hontes et de douleurs.

29 *décembre*.

De toutes nos souffrances après cette incomparable douleur causée par les désastres de la patrie, la plus grande certainement, celle devant laquelle pâlissent toutes les autres, c'est la privation absolue de nouvelles. Rien de ceux que nous aimons, rien ou à peu près de la France. Aussi quel bonheur quand un de ces chers messagers qu'emporte chacun de nos ballons nous revient avec sa petite feuille de trois ou quatre centimètres sur laquelle la photographie a condensé d'une manière si prodigieuse les nouvelles impatiemment attendues; quelle joie lorsque du dehors un journal parvient jusqu'à nous. Il n'y a pas jusqu'aux lettres et aux gazettes trouvées sur les morts ou les prisonniers après chaque combat qui ne soient lues avec avidité, commentées avec bonheur, car si elles sont remplies d'articles qui font bondir d'indignation un cœur français, elles en contiennent aussi quelques-uns qui y font rayonner l'espérance.

Tous en effet se plaignent de la longueur de cette guerre. On s'était flatté au delà du Rhin que l'occupation de Paris serait une simple promenade militaire; on s'étonne des lenteurs de ce siége, on s'en inquiète, on s'en irrite, parce qu'on en souffre en Allemagne comme ici. Ce n'est pas en France seulement que les familles sont plongées dans le deuil, que sur chaque intérieur pèse un nuage de tristesse et d'inquiétude. Ce n'est pas à Paris seulement que les cierges attachés aux rameaux de l'arbre de Noël ont pour la première fois depuis bien des années éclairé plus de pleurs que de sourires.

A l'ambulance nous avons lu un de ces articles consacrés à l'anniversaire de la naissance de l'enfant-Dieu, de celui dont les anges célébraient le joyeux avénement en chantant sur leurs harpes d'or : Paix aux hommes de bonne volonté.

Cet article est écrit avec des larmes, par un père peut-être dont le fils unique couchait cette même nuit dans la neige ou gémissait sur un lit d'ambulance; on sentait la profondeur et la vérité de sa douleur, et je l'ai plaint quoiqu'il soit notre ennemi; je plains aussi ces innombrables familles dont la guerre qui nous désole a brisé l'existence; je plains les pères et les mères des combattants, leurs femmes, leurs fiancées, leurs enfants. Eh! mon Dieu, quand je réfléchis, quand je fais taire cette haine qui allume le sang et efface toute pitié, je plains les soldats eux-mêmes qui contraints par la force nous assiégent dans Paris, mais qui ne demanderaient pas mieux que de terminer au plus tôt cette lutte fratricide.

C'est probablement pour exciter l'opinion publique en Allemagne et rendre tout espoir de paix impossible que le roi Guillaume vient de faire commencer le bombardement si souvent annoncé.

Personne en Europe ne voulait croire à cette infamie. Par ce crime de lèse-civilisation, Guillaume a voulu prouver qu'il ne le cédait pas en barbarie à son aïeul Attila. Au lieu de la gloire qu'il promettait à l'Allemagne, il ne lui léguera que la honte.

C'est mardi qu'a commencé le bombardement non pas encore de Paris, mais du plateau d'Avron et des forts. Vers huit heures du matin tout était préparé d'avance comme pour une mise en scène de théâtre; le trio fatal Guillaume, Bismark et de Moltke s'étaient concertés pour épouvanter la population parisienne en frappant un grand coup.

Aux premières lueurs du jour, assez tard pourtant puisqu'une brume épaisse couvrait plaines et montagnes et qu'il tombait de la neige, les soldats du génie allemand ont fait sauter la gare aux Bœufs, de grands pans de murs, des palissades de bois et démasqué douze formidables batteries qui toutes à la fois ont ouvert leur feu sur le plateau d'Avron, les forts de Noisy et de Rosny.

Ceux-ci ont riposté de leur mieux et jusqu'à cinq heures du soir la canonnade a duré sans discontinuer, mais très-incertaine, car à cause du brouillard on ne distinguait rien autre chose que les langues de feu dardées par les pièces monstrueuses au moment de l'explosion.

En revanche le fracas a été énorme et il faut avouer qu'il y a même eu dans Paris un commencement de stupeur, mais cette émotion n'a duré qu'un instant, et quand on a vu que ni bombes ni obus n'arrivaient dans l'enceinte, on s'est mis à rire de ces fameux canons Krupp qui font tant de bruit et si peu de besogne.

Le fait est qu'il est tombé plus de 3,000 obus à percussion dont beaucoup pesant plus de soixante kilogrammes, et que quoique presque tous aient éclaté sur la terre durcie par le froid et sur un plateau où nos soldats n'ont ni épaulement, ni tranchées pour s'abriter, ils n'ont tué qu'une douzaine d'hommes dont cinq d'un seul coup ; le commandant du 6e bataillon de mobiles, sa femme, un prêtre et deux officiers qui dînaient ensemble dans une cabane et dont l'obus a percé le toit.

Le lendemain, le bombardement interrompu à cinq heures du soir a repris de plus belle ; quatre-vingts Krupps ont vomi toute la journée leurs énormes obus en concentrant leur feu sur les forts, car pendant la nuit le général Trochu a fait retirer hommes et canons du plateau d'Avron où ils étaient aussi exposés qu'inutiles.

Toutes les fois que nous abandonnons une position, que ce soit le Drancy, le Bourget, Avron ou n'importe quoi, on nous répète sur tous les tons qu'elle ne pouvait nous servir à rien. Alors pourquoi se faire tuer pour s'en emparer?

« Voici un mois qu'au milieu des fanfares, des proclamations et des ordres du jour, dit un journal, nos généraux sont partis en guerre. Le moment est venu, s'écriait le général Ducrot, de rompre le cercle de fer qui nous étreint ! Eh bien ! qu'a-t-on fait ? On a été surpris sur la Marne, on a été surpris à Champigny, on a été surpris au Bourget, on a été surpris à Ville-Evrard, on a été surpris partout ; puis on s'est replié, puis on s'est arrêté.

» Pourquoi s'est-on arrêté ? Ah ! c'est que du 2 au 21 le sol était humide, il neigeait ou pleuvait, et que depuis le 21 le sol est dur et qu'il gèle. »

Mais alors quel temps faut-il donc pour vaincre?

Oh ! je le sais bien, moi, il faudrait le temps du patriotisme, du courage, du dévouement, de la foi et de l'espérance en Dieu. Il faudrait une chose, une seule chose : que nous fussions des chrétiens, et alors nous vaincrions et alors sur nos drapeaux triomphants nous pourrions écrire comme les Francs nouvellement convertis au catholicisme :

Vive le Christ qui aime les Francs !

Au lieu de cela que voyons-nous? Une population gangrenée par la corruption morale, des riches avides de plaisir, des pauvres n'aspirant qu'à la richesse, l'égoïsme uni à la lâcheté, un noyau de scélérats capables de tous les crimes et paralysant les efforts des gens honnêtes auxquels les trembleurs refusent de prêter leur concours pour assurer l'ordre.

Pour repousser les Prussiens, l'armée des clubs ne trouve rien de mieux que de réclamer la Commune, c'est-à-dire le désordre. Avec la Commune nous aurons des vivres en abondance, de la viande pour les hommes, du lait pour les enfants, du bois et du combustible pour nous chauffer, des armées pour vaincre, du soleil au lieu de neige et surtout plus de religion, plus de prêtres, plus de religieuses, rien que des citoyens dans le genre de ceux qui aujourd'hui grouillaient autour de l'Hôtel-de-Ville en promenant leur torchon rouge et en vociférant des blasphèmes.

Et voilà ce que font les républicains pendant que les Allemands sont à nos portes, que la France agonisante appelle ses enfants au secours, que le cercle du blocus se resserre à chaque heure, que les obus meurtriers viennent s'abattre jusque sur les remparts pour venir pleuvoir dans quelques jours au centre de la cité.

31 *décembre* 1870.

Le bombardement continue avec vigueur jour et nuit ; si cela continue, les munitions manqueront bientôt aux Allemands : ils les prodiguent sans calculer. Guillaume sait que l'Allemagne, à laquelle il avait si souvent promis de faire cadeau de Paris pour ses fêtes de Noël, s'impatiente de son manque de parole et il veut à toute force être prêt pour le 1er janvier.

Quelle que soit la diligence qu'il fasse, il ne sera pas prêt; ses obus produisent un effet infiniment moindre qu'il ne se l'était promis et s'ils brûlent admirablement les villages autour de Paris, ils sont impuissants contre les forts dont ils ont bien pu démolir les casernes, mais sans entamer les casemates et les abris blindés où les soldats de la garnison n'ont rien à craindre des projectiles.

Malheureusement ils ont au contraire beaucoup à souffrir du froid qui, depuis bien des années, n'avait pas été si rigoureux.

Un pigeon, ils deviennent bien rares aujourd'hui par ces temps de pluie et de neige, nous a apporté hier une bonne nouvelle. Dieu veuille qu'elle soit vraie.

D'après la dépêche signée Gambetta, le général Chanzy, après avoir battu les Prussiens, s'avancerait vers Paris. Je ne sais pourquoi, mais je me défie singulièrement des nouvelles données par cet avocat outrancier, je crains toujours que chacune de ses dépêches ne soit une plaidoirie en faveur de sa popularité.

Quelles souffrances doivent endurer nos braves soldats de la province ! Je ne puis m'empêcher d'y songer jour et nuit, de songer surtout à vous, mon père, qui peut-être à cette heure vous frayez péniblement un sentier dans les neiges de nos montagnes, ou peut-être, Dieu éloigne de vous ce calice, souffrez du froid et de la faim dans quelque ville d'Allemagne.

Père chéri, qu'êtes-vous devenu depuis votre départ, où êtes-vous, et quand donc pourrons-nous au moins savoir mutuellement que nous vivons?

Quoique très-rude encore, six degrés, le froid diminue depuis quelques jours; il était descendu à treize degrés, un peu plus du double, mais sa durée a épuisé tous les approvisionnements des petits ménages et l'on commence à en souffrir plus que dans le commencement.

Dans plusieurs quartiers, de pauvres gens ont arraché palissades, barrières et poteaux des terrains vagues; l'autorité aurait pu les punir, elle a eu pitié d'eux; mais nulle part moins qu'en France il n'est permis d'être indulgent si l'on ne veut pas s'en repentir.

Le peuple, cette lie de la population qui pour le *Rappel*, le *Combat*, le *Réveil* et autres organes de la démocratie, constitue le vrai peuple, n'a pas manqué d'abuser de cette tolérance. Des groupes de ravageurs se sont aussitôt formés; naturellement le mari de Louise, revenu depuis deux ou trois jours, s'est mis à la tête d'une de ces bandes de pillards, et sans doute pour témoigner sa reconnaissance aux dominicains dans l'ambulance desquels il avait été soigné, c'est chez eux directement qu'il a conduit ses bandits armés de haches et de scies pour couper au nom du peuple tous les arbres de leur parc; d'autres voleurs en ont fait autant chez les Sœurs de charité de Ménilmontant; ils appellent cela réquisitionner; Louise n'a du reste pas vu une bûche de tout ce bois, son mari s'étant empressé de vendre sa part pour aller la boire dans un cabaret ou la jouer dans une de ces tavernes immondes qui servent de point de réunion aux bandits de Flourens.

Hier, au moment où je prenais la plume pour écrire mon journal, Laure est venue tout épouvantée frapper à ma porte en criant :

— Venez vite, mademoiselle, mon petit frère va mourir.

Je l'ai suivie bien vite, très-émue, car je me suis attachée à cet enfant. Ce n'était qu'une sorte d'évanouissement dont je l'ai bientôt fait revenir en lui frottant les tempes avec de l'éther. Puis je lui ai fait boire un peu de tilleul bien sucré. Cette boisson a paru lui faire plaisir et certainement lui a procuré du soulagement, car il s'est ensuite endormi sans pleurer. Le pauvre petit n'a pas d'autre maladie que la faim, il meurt d'épuisement.

Au risque de me faire mettre à la porte avec accompagnement de grossièretés, je suis allée plaider la cause de mon petit malade et implorer pour lui la charité de Mme Cocardeau. Je sais qu'elle a fait des provisions de toute sorte, et j'étais d'autant plus convaincue qu'elle n'avait pas oublié de se munir d'œufs, que plus d'une fois en passant sur son palier j'avais senti une odeur d'omelette à faire venir l'eau à la bouche du plus gourmet dans ce temps de famine.

Ce n'est pas sans peine que j'ai pu pénétrer dans la forteresse, et je suis bien certaine que je n'y serais jamais entrée si je n'avais eu la bonne fortune d'admirer le fameux casque de 8 francs 50 que M. Cocardeau voulut me montrer à la place d'honneur, à côté de son propre képi de lieutenant.

La chambre occupée par le couple prudent ressemblait moins à un musée qu'à un magasin d'épicerie, les murs étaient blindés de boîtes étiquetées toutes remplies de conserves : si jamais les citoyens réquisitionneurs découvrent cet entrepôt, il y aura bombance patriotique et répétition en petit des scènes de l'Hôtel-de-Ville.

Lorsque j'eus bien caressé le chat qui me montrait les dents, vanté sa beauté à sa maîtresse qui me surveillait comme jamais gendarme n'a surveillé un pensionnaire confié à ses bons soins, admiré le casque, le revolver, la balle explosible, la lettre du Prussien à sa fiancée, j'exposai enfin avec mille précautions l'objet de ma visite, et je fus tellement éloquente, paraît-il, que Mme Cocardeau daigna me donner, en échange, je dois le dire, d'une pièce de vingt sous, un bel œuf frais de trois mois conservé dans l'eau salée et me promettre de m'en fournir un toutes les semaines au même prix pendant les deux mois suivants.

Je doute que mon protégé aille jusque-là ; un beau jour il s'envolera pour ne plus revenir, comme le petit moineau qui chaque matin venait becqueter sur ma fenêtre les miettes de pain que je lui servais sur ma petite planchette. Tous les jours il revenait à la même heure tantôt gai, tantôt mélancolique et souffreteux quand le froid était plus vif ou que la neige couvrait les toits; mardi dernier il a cessé de revenir et ses petits camarades se sont partagé son héritage.

Que le cœur humain est donc incompréhensible, la disparition de cet oiseau m'a fait de la peine; c'était presque un ami et les amis sont si rares !

Quelle triste fin d'année ! J'ai voulu cependant la terminer en me donnant un plaisir, celui d'en faire un à la petite Laure. Je lui avais promis, si elle était sage et si elle apprenait bien par cœur la prière que je lui fais répéter toutes les fois que je le puis, un *Pater* et un *Ave*, de lui donner des étrennes au premier de l'an.

Aujourd'hui a eu lieu l'examen redoutable ; un étudiant paraissant pour la première fois devant ses juges n'est pas plus troublé; j'ai cru qu'elle ne pourrait pas retrouver le premier mot, et c'est bien triste à dire, sa mère, qui cependant est une honnête femme, aurait été bien incapable de le lui souffler. Elle a pourtant fait sa première communion, mais depuis elle a tout oublié. Le temps de prier lui a manqué, dit-elle, comme si le travail lui-même ne devient pas par le seul fait de l'intention une prière; comme trop de femmes, surtout depuis qu'elle est mariée, elle s'est contentée de son humble rôle de servante et n'a plus vécu que comme une plante ou un animal, de la simple vie végétative.

Au fait si l'homme est si peu de chose sans la religion, qu'est donc la femme? Moins que rien, une servante, une esclave; ce qu'elle est en Turquie, une marchandise; ce qu'elle était avant la prédication de l'Evangile, une chose qui se vendait, s'achetait, se troquait suivant le bon plaisir de son possesseur.

Quelle sottise même au point de vue de l'intérêt d'abandonner les préceptes de la religion! On croit s'affranchir et l'on se fait esclave.

Sauf quelques petites fautes bien pardonnables, mon élève a pourtant fini par réciter sa prière; un mot a vivement frappé sa mère: donnez-nous notre pain quotidien; elle ne l'aurait pas remarqué il y a six mois, et j'en ai profité pour lui faire une petite leçon.

Ensuite je suis sortie avec Laure. Quelle tristesse! des magasins fermés, des becs de gaz éteints, des fiacres stationnant mélancoliquement dans des rues désertes, des lampes fumeuses, de la neige partout sur les trottoirs et jusque sur le seuil des portes, des restaurants sans provisions, des quais sillonnés par quelques rares omnibus accomplissant à vide leur trajet réglementaire.

Je ne crois pas que jamais à pareil jour Paris ait présenté un semblable aspect.

Sur le boulevard, aux environs de la Madeleine, il y avait pourtant un certain nombre de baraques éclairées par des lanternes au papier et dans lesquelles on vendait des jouets, de maigres friandises, des bonbons restés de l'année précédente. Tout cela était bien pauvre bien laid, bien fané, mais faute de mieux il fallait s'en contenter; ma petite compagne était ravie : quelques billes de chocolat et un morceau de pain d'épice mirent le comble à son bonheur.

Pour les bourses mieux garnies il y avait d'autres tentations bien dignes d'un temps de famine. Un vrai marché aux légumes s'étalait sur le plus riche et le plus élégant boulevard qui soit au monde ; des pommes de terre à 20 francs le décalitre; quelques pieds de céleri à 2 fr. 50 c. pièce; un chou pommé très-ordinaire enveloppé dans un cornet de papier découpé à jour et offert au prix de 35 francs ; quelques kilogrammes de beurre frais à 80 francs; un poulet dans sa cage dorée, 65 francs, et enfin examiné plus curieusement que jamais, animal exotique apporté du bout du monde au Jardin des plantes... un dindon coté 200 francs.

Il se trouvera toujours des gourmands pour acheter ces morceaux choisis; n'y en eût-il pas d'assez fous pour payer à prix d'or des côtelettes de kanguroo , des biftecks d'hippopotame, des rondelles de trompe d'éléphant, des filets de tigre, et n'ai-je pas vu exposé à la vitrine d'un des plus célèbres marchands de comestibles des boudins d'éléphant à la rose de Bengale !

Il faisait entièrement nuit quand nous sommes rentrées à six heures du soir. Au moment où nous traversions la place de la Concorde, Laure s'est écriée :

— Oh! mademoiselle, voici l'étoile de Noël dont vous m'avez parlé l'autre jour.

J'ai levé la tête et reconnu un ballon qui glissait doucement dans le ciel, emportant bien des souvenirs émus, bien des souhaits, bien des espérances.

Que Dieu te conduise, cher ballon, vers nos parents et nos amis qui tendent les mains vers toi!

L'horloge sonne... encore deux heures et cette terrible année 1870 sera le passé, et cette effrayante année 1871 sera le présent. Encore deux heures et 1870 ne sera plus qu'une date funèbre de la vie de la France, un souvenir voilé de crêpe ensanglanté.

Quand elle a commencé, cette année dont près de moi ma montre mesure régulièrement les dernières pulsations, tout autour de moi était joie, espérance et bonheur. La vue de la sérénité de mes bienfaiteurs devenus mes parents éclairait doucement ma vie et me faisait souvent oublier que j'étais orpheline.

Nos souhaits ne furent ce jour-là que l'expression sincère du désir de voir se continuer notre vie si modeste, mais si remplie de charmes, de voir cette année se terminer comme elle venait de s'ouvrir par des sourires, des vœux de bonheur, la même intimité entre nous, la même sécurité.

Bonheur, espérance, joies de famille, patrie, de tout cela que nous reste-t-il aujourd'hui? Il a suffi de quelques mois pour nous disperser comme le vent disperse la paille dans les sillons, pour que la mort 'appesantît sur deux membres de la famille, sur la mère qui est le lien l plus puissant du faisceau, sur le fils aîné qui après le père est le chef de la maison.

Mon Dieu, protégez la France; mon Dieu, protégez-nous; Seigneur, ayez pitié de nous; Seigneur, sauvez-nous; sans votre aide nous périssons.

1er *janvier* 1871.

Je ne dormais pas encore lorsque l'horloge de la paroisse voisine a sonné minuit. J'ai compté un à un ces douze coups qui attachaient le sceau du passé à cette année 1870 s'éteignant dans cette rude nuit, année où ont coulé tant de sang et de larmes; je les ai écoutés avec angoisse; l'avenir est si inconnu, si menaçant. Que de pensées ils ont soulevées en moi! enfin ces pensées se sont transformées en une prière et je me suis endormie.

Ce matin j'étais profondément triste; pas une poignée de main, pas un souhait à donner, ni à recevoir; mais mes chères photographies groupées sur ma cheminée semblaient me regarder et m'attendre, elles ne m'ont pas attendue longtemps ; à peine hors de mon lit, et après avoir baisé mon crucifix, je les ai prises, regardées, embrassées tour à tour et avec transport. Ayons confiance, mon vaillant père, mes bien-aimées sœurs, mon bon frère, cette année peut, si nous le voulons, être celle du salut. Combattons et prions, il ne faut que cela, nous ne pouvons ne pas le vouloir ; combattons comme Saint-Quentin, comme Châteaudun ; combattons, tous ! pas de défaillance ! hommes et femmes nous avons tous la possibilité de coopérer au salut de la France ; redevenons catholiques, nous serons forts. Il y avait aujourd'hui dans tous les cœurs bien des douleurs intimes, cependant la gaieté, cette gaieté française qui sommeille parfois, mais se réveille si facilement, a su jeter un peu de rayonnement sur cette première journée de l'année. Quelques tambours de Belleville ont souhaité la bonne année à leur commandant à grands renforts de caisse et de clairons ; le tapage a été tel qu'on a cru d'abord à un assaut des Prussiens, puis on s'est mis à rire lorsqu'on a vu qu'il ne s'agissait que des vaillants de Flourens.

Quand il ne s'agit que de faire du bruit, ils sont toujours en avant. Le gouvernement a fait faire aux vingt arrondissements de Paris une distribution de viande de bœuf conservée, de haricots secs, d'huile d'olive, de café, de chocolat, et pour demain on promet une provision de bois à chaque ménage. Une victoire, voilà les étrennes que nous aurions bien préférées, mais enfin celles-ci aussi nous ont été agréables, c'est si affreux cette viande de cheval ; heureusement nous avons toujours un appétit capable de l'assaisonner et nous n'arrivons pas à la satiété avec les trente grammes qui nous sont accordés par jour, depuis le 10 décembre.

Les forts n'ont pas voulu être en reste avec les Prussiens, ils leur ont au premier coup de minuit envoyé une bordée générale d'obus dont les éclats auront été, pour ceux d'entre nos ennemis qui les ont reçus, un triste souvenir du 1er janvier 1871.

Georges sortira demain au plus tard de son ambulance; je suis allé le voir à une heure, il m'a raconté qu'à leur dîner les bons religieux leur ont servi à chacun un morceau de beurre frais.

Quel luxe! depuis deux mois je ne croyais plus qu'il fût possible d'en trouver, mais il paraît que le gouvernement en avait une forte provision en réserve, puisque dans la matinée il en a été délivré une certaine quantité pour toutes les ambulances. Il a été donné aussi 104,000 kilogrammes de bœuf.

Demain nous reviendrons au cheval.

2 *janvier*.

Le froid continue à être excessif, aussi la mortalité devient-elle effrayante. Généralement elle est de douze ou treize cents personnes, elle s'est élevée depuis le commencement de la neige à deux mille, deux mille quatre cents, trois mille, et cette semaine à plus de quatre mille personnes, où les morts par suite de blessures ne sont qu'une infime minorité. C'est au point que les cimetières deviennent insuffisants pour cet amoncellement de cadavres. Ce qu'il y a de plus douloureux à voir, c'est la longue file de petits cercueils d'enfants que chaque jour, avec une insouciance qui me serre le cœur, des croque-morts apportent sous leur bras sans plus de façon que le plus vulgaire paquet, et jettent dans une fosse commune.

Beaux petits anges, vous ne vous en envolerez pas moins avec vos robes blanches et vos couronnes de lis immaculé pour aller vous agenouiller au pied du trône de l'Agneau et prier pour ce Paris, pour cette Sodome dont vous avez traversé le bourbier sans qu'une seule éclaboussure vînt souiller votre vêtement d'honneur, mais jamais je ne comprendrai que des parents puissent se décider à laisser ensevelir leurs enfants comme on n'ensevelirait pas un chien.

Je crains bien que l'enfant de ma voisine n'aille bientôt grossir la phalange de ces radieux chérubins ; l'œuf qui lui faisait tant plaisir au commencement est déjà trop lourd pour son estomac débilité ; il refuse toute nourriture solide, n'a plus que la peau sur les os, se plaint à peine, mais dort peu et regarde toujours le ciel d'un air grave et profond comme si la terre n'était déjà plus rien pour lui.

Son père, qui l'aime à sa façon, est furieux de le voir dépérir ; il accuse sa femme d'être l'unique cause de la maladie de son enfant et se grise du matin au soir pour chasser ses tristes préoccupations.

3 janvier

Georges et moi sommes allés ce matin entendre une messe d'action de grâces pour son rétablissement près du tombeau de sainte Geneviève dont c'est aujourd'hui la fête.

Il y avait foule dans l'église autour des reliques de la patronne de Paris, exposées à l'occasion de l'ouverture de sa neuvaine.

En sortant de Saint-Etienne du Mont, Georges qui ne boite plus du tout, m'a fait remarquer la ressemblance singulière du roi Guillaume avec l'Attila du groupe de Maindron placé à l'entrée du Panthéon et qui, pour comble d'analogie, porte sur la tête un casque pointu.

Une particularité peut-être plus étrange encore, c'est que l'Attila que Raphaël représentait il y a plusieurs siècles foudroyé par la majesté de saint Léon, ressemble, lui aussi, prodigieusement au roi de Prusse.

Fasse Dieu que la sainte bergère éloigne de Paris le loup germain comme elle en a éloigné le féroce chef des Huns !

Le canon ne cesse de tonner tout autour de Paris et les obus à pleuvoir sur les forts. Georges ne veut cependant pas croire que les Prussiens osent bombarder Paris ; je ne suis pas de son avis, les sauvages qui ont incendié la cathédrale de Strasbourg et cherché à renverser sa flèche sont capables de toutes les infamies.

4 janvier, 7 h. du soir.

Je croyais que ce serait plus long; ce matin quand je suis sortie, Louise m'avait dit que la nuit avait été meilleure et qu'il paraissait mieux portant.

Il ne dormait pas, je lui ai touché la joue, et chose qu'il ne faisait plus depuis bien des jours, il m'a souri avec ses grands yeux bleus.

Deux heures après il a mangé sa moitié d'œuf, puis a paru un peu inquiet et a fini par s'endormir. Il ne s'est pas réveillé. Sa mère est anéantie de fatigue et de chagrin; quant au père, il n'a fait qu'entrer et sortir toute la journée, farouche et silencieux, et prêt à éclater en fureur au moindre prétexte.

Cette nuit il est de garde aux remparts et j'en suis bien aise, je resterai avec cette pauvre Louise qui a bien besoin de pouvoir pleurer librement. Elle étouffe sous le regard de son mari. Les derniers moments de son enfant ont été on ne peut plus calmes; il n'avait plus la force de souffrir, et maintenant, si ce n'était la pâleur de ses joues et de ses lèvres, on pourrait croire qu'il dort. Avec son petit visage blanc, ses mains jointes, ses paupières closes, il a tout l'air d'un ange de marbre ou de cire. C'est bien un ange en effet, et combien en ce moment il se réjouit d'avoir quitté pour le ciel notre terre arrosée de tant de sang et de larmes!

Demain je l'accompagnerai jusqu'à sa dernière demeure, je ne veux pas qu'il y aille seul.

La nuit a beau couvrir la ville de ses ombres, les forts demeurent muets, le bombardement continue toujours. De mardi à dimanche on évalue que les Prussiens ont lancé sur les forts vingt-cinq mille projectiles représentant une valeur de quinze cent mille francs.

6 *janvier.*

Et il y en a qui doutent encore, il y en a qui prétendent que les obus tombés dans Paris sont des projectiles égarés ; je voudrais le croire, mais est-ce probable, même est-ce possible ? Un obus, deux, trois si l'on veut, peuvent aller au-delà du cercle que l'on s'était tracé, mais on parle déjà de maisons effondrées et, ce qui est plus triste, de dix victimes, dont cinq auraient succombé. N'est-ce pas là le prélude d'un vrai bombardement ? Est-ce qu'il est d'usage de bombarder une ville sans avertissement préalable ? demandent quelques-uns. Que leur importe l'usage ? L'humanité la plus élémentaire est-elle connue de nos barbares ennemis ? Autour de moi l'on s'étonne ; après avoir cru dès le commencement du siége à l'imminence du bombardement, après l'avoir vingt fois annoncé, on avait fini par n'y plus penser guère, par croire qu'il n'aurait pas lieu, et de toutes les précautions prises pour en amoindrir les effets, il ne restait plus ou à peu près que le souvenir.

Cependant et malgré l'imprévu de cette nouvelle épreuve, on n'en paraît pas trop effrayé, au contraire ; cela semble un paradoxe, eh bien, non, la badauderie parisienne est tellement entrée dans les mœurs de la capitale du monde civilisé, qu'aussitôt que M. Cocardeau et sa femme ont appris qu'il pleut des obus à Montrouge et à Vaugirard, ils sont partis pour *aller voir ;* aller voir éclater des obus, quand on s'est fait faire une cave blindée pour s'y cacher, quand par peur on n'a jamais consenti à aller monter une garde sur les remparts à six mille mètres des Prussiens. Faut-il être Parisien !

Et il y est allé en effet, et il en est revenu ; mais dans quel état, grand Dieu !

Monsieur avait mis son grand costume flambant neuf, son beau ceinturon d'ordonnance et le plus gigantesque de ses plumets ; madame avait revêtu sa belle robe de soie gorge de pigeon, son cachemire français et ce fameux bonnet à fleurs dans la garniture duquel on pourrait faire toute une étude de botanique.

Pour son malheur, mais dans un but de prudence, monsieur s'était muni d'une brochure de circonstance intitulée le *Parobus*, affreux barbarisme qui a la prétention de signifier la manière de se garer des obus, et dont toute la théorie se réduit à ceci : quand vous entendez siffler un obus, couchez-vous précipitamment et ne vous relevez qu'après la détonation.

Arrivés à Montrouge, M. Cocardeau, qui était pressé, s'est adressé, paraît-il, à un gamin pour le conduire au bon endroit.

L'affreux polisson a vu tout de suite de quoi il s'agissait et il a conduit le couple infortuné dans la plus abominable impasse, une sorte de bourbier noir, visqueux, infect, où à peine trouvait-on à poser le pied.

Malgré son désir de voir éclater l'obus promis, M. Cocardeau battait déjà en retraite, quand tout à coup un sifflement strident se fait entendre.

— Ventre à terre! crie le guide, voici l'obus.

— Qu'y avait-il à faire, ma chère demoiselle? Je vous le demande. M. Cocardeau s'étend en conscience, j'en fais de même en m'appuyant sur les mains, j'avais de la boue jusqu'aux manchettes; une seconde, deux secondes, rien; M. Cocardeau étouffait; trois secondes, rien encore; je regarde autour de moi, rien, en l'air rien; il n'est pas possible que l'obus mette si longtemps à tomber.

— Eh! dites donc, bourgeois, quand vous aurez fini votre prière nous pourrons continuer la promenade, crie l'infâme polisson.

— C'était lui qui avait sifflé, mademoiselle, est-ce assez canaille; et ce bandit riait avec ses camarades, ajoutait Mme Cocardeau pâle de colère, tout cela finira par la corde ou par l'échafaud ; mais ma robe est perdue et le costume de M. Cocardeau entièrement gâté.

Il m'a fallu tout ce que je supportais de tristesse pour ne pas rire de cette ridicule aventure, mais j'étais encore tout émue de ce que je venais de voir au cimetière du Montparnasse où j'ai tenu à accompagner mon petit ange. Pendant qu'agenouillée au bord de la fosse dans laquelle étaient déjà déposés une dizaine de petits cercueils je récitais une dernière prière, un obus passant au-dessus de nos têtes est allé s'abattre sur une tombe dont il a brisé la pierre et tordu la croix.

Ces gens-là ne respectent donc rien, pas même la mort.

Louise est toujours bien triste, mais j'espère que son chagrin lui donnera l'envie de connaître Dieu; je l'avais laissée résignée, je l'ai retrouvée sanglotant.

Elle s'est jetée dans mes bras en s'écriant :

— Ah! mademoiselle, que vous êtes heureuse d'être catholique, votre religion vous donne toujours des consolations.

Je ne comprenais pas trop ce qu'elle voulait me dire, alors elle m'a raconté un bien joli mot de sa petite Laure.

Ce matin, quand on a eu emporté l'enfant qui a passé la nuit dans son berceau près de la fenêtre, Louise a voulu, précaution du reste bien inutile, purifier l'air de la chambre, et a ouvert ses croisées, puis les a refermées.

— Maman, a dit Laure, à présent il faudra ouvrir souvent.

— Pourquoi, mon enfant?

— Parce que Mlle Marguerite m'a dit que le petit frère est devenu un ange du bon Dieu.

— Les anges restent en paradis, ma fille.

— Oh! oui, ordinairement quand ils n'ont pas de maman, mais lui qui t'aimait tant, maintenant que Dieu lui a donné des ailes, il viendra te voir, bien sûr.

Que la religion catholique est donc à la fois belle et aimable!

La nuit dernière il s'est passé dans les baraques construites près du Luxembourg et qui servent de succursale à l'ambulance du Val-de-Grâce, une aventure du même genre que celle dont M. Cocardeau a cru un moment être le héros.

Six obus de suite sont venus éclater dans une baraque où se trouvaient deux Sœurs et trois blessés, sans produire d'autre effet que de briser une lanterne dans les mains d'une Sœur et de lui déchirer sa cornette.

Après ce sixième avertissement, comme il était très-probable que de nouveaux projectiles ne tarderaient pas à tomber, les deux Sœurs aidées par deux infirmiers ont transporté leurs malades dans une autre baraque. Bien leur en a pris, car deux minutes après qu'elles ont été sorties un septième obus a en éclatant mis le feu aux deux lits et renversé à demi la cabane.

Il y en a qui dans cette aventure ne verront qu'un heureux hasard, quant à moi je crois y reconnaître la main de Dieu.

Le bombardement continue; le temps a été magnifique toute la journée, le ciel est très-clair, mais il fait 11 degrés de froid.

Les optimistes prétendent que ce bombardement n'est qu'une ruse des Prussiens qui pendant ce temps préparent tout pour lever le siége et se retirer; suivant d'autres, Frédéric-Charles grièvement blessé a capitulé avec 45,000 hommes.

De tout cela, je ne crois pas un mot, et je suis certaine que beaucoup de Parisiens seraient horriblement contrariés de cette retraite qui les priverait d'entendre le formidable concert des canons Krupp.

Il y en a un surtout qui a une voix magnifique, on le nomme l'*Ut de poitrine*; quant aux obus, les gamins, qui leur font une chasse à outrance, les divisent en deux catégories, les *bavards*, c'est-à-dire ceux qui éclatent et *les sérieux* qui ne font pas explosion. Il va sans dire que ces derniers sont les plus estimés à la petite Bourse.

7 janvier.

Il paraît que les rouges commencent à se remuer et que pendant la nuit ils ont affiché, à Belleville, de grandes pancartes sang-de-bœuf proclamant la déchéance du nouveau gouvernement et l'avénement de la Commune. C'est bien le cas d'appliquer à ces incorrigibles brouillons, ce que disait un plaisant des proclamations qui pleuvent depuis le commencement du siége : Plus ça change, plus c'est toujours la même chose. Eux sont aussi toujours les mêmes vauriens, qu'ils soient le *peuple*, les *ouvriers*, les *prolétaires*, les *francs-tireurs*, ou les *tirailleurs de Flourens*, le *Club*, ou la *Commune*.

Heureusement on ne s'occupe pas plus de leurs démonstrations que des cancans et des obus qui pleuvent sur Paris; cancans et obus sont pourtant de beau calibre.

Les premiers nous annoncent que l'armée de secours est à Corbeil et que demain au plus tard nous serons délivrés par..... le duc d'Aumale, connu depuis quelque temps déjà sous le faux nom de général Chanzy : c'est peu probable. Les obus sont plus positifs, il y en a qui pèsent jusqu'à 94 kilogrammes.

Si au commencement du siége les Prussiens nous avaient envoyé des hauteurs de Châtillon un obus de 12 au milieu de Paris, la terreur aurait été si grande que Paris se serait rendu. A présent le *moment psychologique* est passé, n'en déplaise à M. de Bismarck, et les monstrueux projectiles lancés par les 120 canons Krupp ne produisent plus d'autre effet que celui de la colère contre d'aussi indignes agissements et du mépris pour ceux qui emploient ces honteux moyens.

Bien plus, il a fallu des ordres exprès du gouvernement pour empêcher la foule de se porter précisément là où les projectiles tombent le plus dru. Des gamins, et même des grandes personnes, courent sus aux obus avant même qu'ils aient éclaté et au risque de se faire tuer cent fois pour avoir le plaisir de ramasser un morceau de ferraille rouillée que, grâce à la prodigalité de messieurs les Prussiens, il est facile de se procurer pour quelques centimes à la Bourse des trophées de M. Cocardeau.

Plusieurs boutiques tiennent cet article et j'ai déjà vu des lampes, des têtes de canne, des bagues, des pendules et autres *souvenirs* de ce genre fabriqués avec ces fragments.

Paris a toujours sa manie ; celle du moment, c'est de collectionner tout ce qui tient à la guerre, depuis le bouton de guêtre jusqu'à la mitrailleuse inclusivement.

Puis il est bien porté de faire fi du danger. Les journaux sont remplis de mots héroïques et d'actes réputés sublimes.

Un marchand de vin reçoit trois obus dans sa maison, il écrit sur sa porte :

Au rendez-vous des obus

et sa clientèle double aussitôt.

Un monsieur avise un gamin faisant le guet pour ramasser des fragments de projectiles.

— Combien l'éclat d'obus? lui dit-il.

— Monsieur, je n'en ai plus, j'en attends, répond le gavroche.

Et le public de battre des mains et de crier : Qu'en pensera la postérité! Sommes-nous assez héroïques ?

Eh ! mon Dieu, vous n'êtes que sottement puérils, vous exposant quand cela est inutile et refusant de marcher quand vous seriez nécessaires.

Voici un trait que je trouve plus beau que tout cela ; il m'a été conté ce matin à l'ambulance par la sœur Saint-Etienne : hier matin sœur Rosalie que j'ai vue plusieurs fois, et que par conséquent je connais un peu, avait été envoyée à la rue Saint-Jacques porter à des malades un pot de confitures.

Au beau milieu de la rue un sifflement se fait entendre et un obus de gros calibre vint s'abattre à trois pas de la bonne Sœur.

— Jetez-vous à terre, ou vous êtes morte, lui crie-t-on de toute part.

Oui, mais pour se jeter à terre précipitamment, il fallait casser le pot attendu par les malades, et les confitures sont si rares. Entre le pot et sa personne, la religieuse se décida pour le premier et attendit debout.

L'explosion fut formidable, la robe fut trouée sur le côté et le chapelet coupé en deux; mais ni le pot ni la Sœur n'eurent de mal et elle continua son chemin, louant Dieu sans se douter qu'elle eût fait plus que strictement son devoir.

8 *janvier.*

Le bombardement continue sans résultats bien apparents : trois obus sont tombés sur l'église Saint-Sulpice; deux n'ont pas éclaté, le troisième a percé la coupole de la chapelle de la Vierge, mais sans toucher l'admirable statue.

Il est à présumer, par la direction des obus, que les Prussiens les envoient surtout sur les hôpitaux, les églises et les musées; c'est indigne !

Aujourd'hui même il en est tombé plusieurs sur le collége des Jésuites, à Vaugirard, dans le jardin du palais des Thermes et à la porte de l'hôtel de Cluny, où un passant a été tué et un candélabre brisé.

Cette nuit l'ennemi redouble son feu, les obus passent en sifflant au-dessus de nos têtes; il est évident que, pressés comme ils le sont d'en finir, les ennemis tireront le jour sur les forts qu'ils ont besoin de viser et la nuit sur la ville.

Des pigeons! enfin! c'est Laure qui vient de m'en donner la nouvelle. Sous leur aile ils nous ont apporté, dit-on, vingt mille télégrammes privés et de très-importantes dépêches. Quelle joie si une de ces dépêches m'était adressée! Mais il faut grossir au microscope ces dépêches et ces lettres, les copier, les expédier : avant demain, je ne puis rien savoir; n'importe, chers pigeons, soyez les bienvenus.

9 *janvier.*

J'ai eu un bien grand battement de cœur ce matin au moment où je sortais de chez moi : Mademoiselle Marguerite, vous avez ici une lettre à votre adresse, m'a dit le concierge. Je n'ai pu retenir un cri de joie; je l'ai ouverte en tremblant..... Elle était de Georges, il m'écrivait pour me dire que son bataillon est à Issy, et par conséquent bien rapproché de moi; sa jambe est tout à fait bien, mais il a horriblement froid et me priait de lui envoyer une chemise de flanelle. Je venais précisément de lui en finir deux, et sans avoir la moindre prétention à l'héroïsme, j'ai tout simplement pris l'omnibus qui conduit à la porte de Vaugirard pour les lui porter.

C'est vraiment inouï le sans-gêne avec lequel les Parisiens traitent ce que nos soldats appellent les pruneaux Krupp. La nuit avait été effroyable, et en moins de douze heures plus de deux mille obus incendiaires ou à brisement étaient tombés sur la ville et jusque vers le milieu de la rue du Bac. La grêle meurtrière continuait encore, et cependant les omnibus poursuivent régulièrement leur service, tandis que le chemin de fer de Ceinture n'a interrompu le sien que momentanément, dit une affiche posée dans la nuit.

Nous étions six ou sept voyageurs dans la voiture et comme on le pense bien, nous nous mîmes à causer des événements du jour; les nouvelles ne manquaient pas. On savait en gros que les dépêches reçues la veille étaient favorables, mais rien autre chose n'avait encore été affiché qu'un ordre général adressé par le gouverneur de Paris à l'armée, annonçant que dans la journée du 8, sept officiers ou sous-officiers suivis de trois soldats, dont le général Trochu citait les noms en les vouant au déshonneur et à la honte, avaient au pont d'Argenteuil passé traîtreusement à l'ennemi.

Quelle infamie !

Une autre infamie, mais qui celle-là ne tombe pas du moins sur nous, c'est celle que commettent les Prussiens en bombardant à dessein les monuments et les édifices que les lois de l'honneur leur feraient surtout un devoir de respecter. S'ils tiraient au hasard ils seraient excusables jusqu'à un certain point, mais connaissant comme ils la possèdent la topographie de Paris, il est bien évident que ce qu'ils font, c'est de parti pris et dans la résolution bien fermement arrêtée d'effrayer Paris par l'excès même de leur mépris pour toutes les lois de l'honneur et de la guerre.

Dans cette nuit fatale, les soldats de Guillaume de Prusse pointaient leurs canons plus particulièrement sur l'établissement Saint-Nicolas dirigé par les Frères, rue de Vaugirard, et renfermant un millier d'enfants.

Vers une heure du matin, les obus éclataient tout autour de l'établissement. Le directeur inquiet ordonna aux enfants de se lever pour aller s'abriter dans les caves. Le défilé venait de commencer quand un obus enfonçant le toit et le plancher du grenier, vint éclater dans le premier dortoir, tua cinq élèves et en mutila horriblement plusieurs.

Les funérailles de ces innocentes victimes auront lieu demain à l'église Notre-Dame-des-Champs ; tout Paris y assistera, dit-on, pour protester ; mais il y aura une voix qui s'élèvera plus haut que toutes les nôtres contre Guillaume l'assassin, ce sera celle du sang répandu.

Ces victimes ne sont pas les seules. Quelqu'un racontait dans la voiture avoir vu ce matin dans la rue Daguerre, tout à côté de la maison qui la première a été atteinte par les Prussiens, le cadavre d'une jeune fille de quinze à seize ans, qu'un éclat d'obus avait frappée au cœur.

Tuer des femmes, assassiner des enfants, incendier de nuit une ville : quelle honte ! les misérables !

Ils ont également tiré sur l'hôpital de l'Enfant-Jésus, un hôpital, ils ne l'ignorent pas, qui ne renferme que des enfants, six cents enfants malades ; ils le savent et ils ont fait pleuvoir des obus sur cet asile de l'innocence et de la douleur ; quelques enfants ont été blessés.

Depuis quelques jours les Krupps ne se taisent ni jour ni nuit : dans ce moment-ci ils bombardent Vanves et Montrouge. Un gros monsieur gras et frais, comme si le rationnement ne le regardait en rien, nous racontait ce matin que de sa fenêtre placée juste en face des hauteurs de Châtillon, il voit distinctement l'éclair de chaque coup et que, par des observations souvent réitérées, il s'est assuré qu'à cette distance la lumière précède exactement de 17 secondes la détonation, qui elle-même précède d'une seconde le passage de l'obus.

Du reste ce monsieur semble ne s'occuper du bombardement que pour faire des calculs de balistique, d'acoustique et d'optique, et pour rien au monde il ne quitterait un appartement si admirablement placé pour voir venir les bombes et les boulets.

Arrivé à la barrière, l'omnibus s'arrêta et je présentai mon permis au sergent du poste; en voyant le timbre de l'ambulance, il ne fit aucune difficulté, mais il me dit :

— Vous avez bien du courage.

— Y a-t-il réellement beaucoup de danger?

— Hum ! fit le soldat, on tire dur et vous allez vous trouver entre deux feux.

— Raison de plus pour ne rien craindre, repartit le gros monsieur qui lui aussi exhibait son permis ; les obus décrivant des courbes, nous passerons sous une voûte de fer sans rien risquer ; il n'y a de danger qu'au point d'arrivée des obus et aux environs, mais à moitié route la sécurité est complète.

— Allez-vous loin d'ici? mademoiselle.

— A Issy, monsieur.

— Si vous me le permettez, nous ferons route ensemble.

Il avait une figure si honnête que j'ai accepté et nous voilà partis ensemble suivant la route couverte de neige dans laquelle nous enfoncions jusqu'à la cheville.

Mon Dieu, que ces environs de Paris sont donc tristes !

Ils étaient si gais, si bruyants, si animés il y a quelques mois, si tapageurs même, car passé la barrière on ne voyait de tous côtés que guinguettes, restaurants, cabarets ombragés de leur platane réglementaire et flanqués de leur tonnelle garnie de clématite avec une grande table peinte en vert au milieu ; on y chantait, on y dansait, on y buvait surtout et parfois on s'y disputait et l'on s'y battait. Aujourd'hui plus de platanes, plus de tonnelles, plus de guinguettes, plus de cabarets, plus rien. Le génie militaire a coupé les arbres, rasé les constructions, nivelé les décombres, puis la neige est venue qui a étendu son blanc linceul sur tous ces débris ; et le vent piquant du nord souffle sans obstacle sur cette petite Sibérie où rien ne l'arrête jusqu'aux lointaines collines que couronne le mont Valérien.

Pauvre Georges, je le crois bien, qu'il devait avoir horriblement froid. Mon compagnon de route est professeur de mathématiques dans je ne sais quelle école et membre des travaux de fortification ; c'est un excellent homme, mais qui s'emporte quand il est question de la commission des barricades et de son président, le citoyen Rochefort, ex-comte de Luçay, un ambitieux sans valeur aucune, et l'être le plus méprisable qu'il soit possible de rencontrer.

Dieu sait tout ce qu'il m'en a conté.

Comme tous les chefs du parti de la Commune, c'est-à-dire du meurtre, du pillage et de l'incendie, c'est, me disait-il, l'incarnation de l'ambition insatiable, de l'amour de la jouissance, de l'orgueil et de l'avarice.

A ces gens-là il faut de l'or, n'importe par quel moyen, et pour s'en procurer il n'y a pas de crime devant lequel ils reculent. Voyez ce Rochefort, personne au monde ne méprise et ne hait le peuple plus que lui ; eh bien, pour arriver par le peuple, il s'en est fait le valet ; il s'est engagé à lui obéir ; pour le flatter il a renié la religion de ses pères; noble, il a craché sur son blason; monarchiste, il a coiffé le bonnet rouge; aristocrate, il s'est posé en sans-culotte; il est allé plus loin, lâche courtisan de l'irréligion, il a non-seulement vendu son âme pour quelques deniers de popularité, mais il s'est vanté d'avoir vendu celle de son fils et de ne l'avoir pas fait baptiser. Et ce sont ces hommes-là que le gouvernement charge de la défense de la ville, des hommes qui ne demandent qu'une chose, vendre Paris le plus cher possible à qui voudra le leur acheter, et qui le brûleraient de leurs mains s'ils désespéraient d'en tirer parti.

Tout sévère que soit ce jugement, il pourrait bien être vrai.

J'ai trouvé Georges à Issy, les mobiles sont logés dans le village et y passent la journée sans trop souffrir, mais presque toutes les nuits ils vont en reconnaissance, et par le froid qu'il fait une embuscade dans la neige n'est pas chose agréable pour quelqu'un de mal vêtu, et qui ayant eu le pied gelé, craint à chaque instant que, devenu beaucoup plus sensible, il ne gèle de nouveau.

Les chemises ont fait grand plaisir à ce bon frère, mais il m'a horriblement grondée d'avoir eu l'imprudence de venir ; j'ai eu beau lui parler des courbes paraboliques et autres belles théories de mon professeur accidentel, il s'est fâché pour tout de bon et m'a fait donner ma parole de ne plus franchir la barrière pour venir le voir.

En revanche il m'a promis de m'apporter demain des nouvelles s'il en recevait dans la journée, ou, en cas d'impossibilité absolue, de m'écrire un mot. Il a prétendu que s'il est arrivé en effet vingt mille dépêches, il est impossible qu'il n'y en ait pas au moins une pour lui ou pour moi.

Dieu veuille qu'il y en ait une pour lui, car je n'en ai point reçu, et cependant elles ont dû être toutes distribuées aujourd'hui.

Malgré notre petite querelle, nous nous sommes quittés les meilleurs amis du monde à la porte de Vaugirard jusqu'où il m'a accompagnée avec la permission de son commandant.

Je suis fâchée qu'il n'ait pas pu franchir la barrière; en entrant dans la ville, il aurait vu affichées sur les murs des nouvelles bien consolantes.

Il paraît que la province a fini par s'organiser réellement, et que messieurs les Prussiens commencent à compter avec nos régiments de mobiles en Bourgogne ; le général Werder a été battu à Nuits et a perdu 7,000. hommes, c'est ce qui l'a forcé à évacuer Dijon et Gray.

L'armée de Bourbaki est dans une excellente situation.

Celle de Chanzy a effectué sur le Mans un mouvement pendant lequel elle a fait subir de grandes pertes aux Prussiens.

Enfin, nous avons à enregistrer une véritable victoire à la date du 3 janvier, jour de la fête et de l'ouverture de la neuvaine de sainte Geneviève, patronne de Paris; victoire remportée à Bapaume par le général Faidherbe et qui a forcé l'ennemi à évacuer précipitamment Rouen.

Sans être admirable, tout cela est fort beau et semble confirmé par un article de la *Gazette de Silésie*, qui avoue impudemment que si l'on a commencé le bombardement par le quartier de Belleville, c'est moins dans l'espoir de prendre Paris que pour « pousser la population émeutière sur les quartiers honnêtes de Paris et semer partout le trouble et l'insurrection. »

En d'autres termes, Sa Majesté le roi Guillaume désespérant de prendre Paris par force, invite messieurs Rochefort, Flourens, Blanqui et autres émeutiers à s'en emparer en son nom.

Sainte Geneviève, continuez à nous venir en aide et la France sera sauvée.

Louise est souffrante ce soir, très-souffrante même, elle a eu froid aujourd'hui en faisant queue devant la boucherie et n'a pas pu se réchauffer depuis. Je l'ai trouvée grelottant devant sa cheminée presque noire et avec une douleur au côté. Je l'ai forcée à me laisser unir ma misère à la sienne pour faire un peu de feu.

En bois comme en autres provisions nous sommes en effet bien pauvres. Les arbres abattus dans nos promenades n'ont pas pu suffire; on brûle des bois de construction et même de menuiserie, des échafaudages, voire même de vieux meubles. On comprend que tout cela ne suffira pas, loin de là, et l'hiver continue toujours plus rude.

J'ai obtenu que Louise irait se coucher : à défaut d'autre moyen j'ai passé entre ses draps une brique chaude pour les bien sécher; je lui en ai ensuite donné une autre pour appliquer sur son côté; je ne sais pourquoi, mais je suis réellement inquiète. Pauvre petite Laure, que deviendrait-elle si sa mère venait à mourir? Son frère a été bien heureux de prendre les devants.

10 janvier.

Triste journée: neige et vent, froid intense, canonnade ininterrompue; quarante-huit nouvelles victimes; pas un mot de Georges. Il n'y a donc rien pour nous. Ma voisine va un peu mieux; j'avais craint une fluxion de poitrine, j'espère qu'elle ne se déclarera pas.

11 janvier.

Quel beau jour! Ils sont tous à Lyon et bien portants. Dieu soit loué!

Georges est enfin venu; je descendais l'escalier quand il le montait, du plus loin qu'il m'a aperçue, il m'a appelé en secouant le papier. Je n'attendais plus sa visite; mon émotion a été si forte que j'ai été obligée de m'appuyer au mur.

J'ai voulu prendre cette bienheureuse lettre, mais bientôt j'ai reconnu que mes yeux étaient incapables de distinguer une seule ligne. C'est lui qui m'a lu le contenu de la dépêche :

« Tous à Lyon bien portants, avons reçu trois lettres. »

SCHULTZ.

Dix mots, pas davantage; mais ces dix mots, que de nouvelles ils renferment! Toute la famille réunie à Lyon, mon père et Guillaume revenus de la guerre sans maladie ni blessure. Tous bien portants.

Oh ! sans doute nous aurions voulu savoir d'autres détails. Pourquoi mon père a-t-il, tant que les Allemands foulent le sol français, déposé son vieux fusil? Depuis quand est-il de retour à Lyon? Quelles aventures a-t-il eu à courir?

Ils se portent bien, mais n'ont-ils pas été malades?

Toutes ces questions, nous nous les faisions sans pouvoir y répondre, mais nous nous disions : ils se portent bien et sont tous ensemble. N'était-ce pas tout ce qu'il nous importait de savoir?

Georges portait sur lui la lettre depuis plus de vingt heures; on la lui avait remise pendant qu'il était de garde, puis sa compagnie avait été commandée pour une expédition.

— Jamais, me disait ce bon frère, je n'ai eu tant peur d'être tué ; je me disais : Ma chère Marguerite ne recevra pas ce papier si attendu, et j'en étais tout chagrin.

Qu'il est bon!

Son capitaine lui avait donné une permission de trois heures, mais, sœur Saint-Etienne m'attendait aux Enfants-Assistés, et pour ne pas perdre notre temps, nous sommes sortis ensemble.

Nous avons passé par les rues de Vaugirard et de Saint-Jacques; les effets du bombardement commencent à devenir bien visibles, les rues sont jonchées de tuiles et de plâtras, de fragments de vitres, de cailloux arrachés. Beaucoup de murs éventrés, de portes jetées hors de leurs gonds, de fenêtres arrachées et pendantes, de cheminées écroulées et au milieu de ces débris et de ces obstacles une population affairée comme les habitants d'une fourmilière dont le pied a renversé le cône; des hommes, des femmes, des enfants, des vieillards attelés à de petites charrettes à bras et s'empressant de déménager et d'aller dans les quartiers d'outre-Seine mettre à l'abri de la brutalité prussienne leur pauvre avoir.

Georges a un de ses amis blessé au Val-de-Grâce; il est entré lui serrer la main ; c'est un Breton auquel il a fallu couper la jambe il y a quatre ou cinq jours.

— Tout cela ne serait rien, disait-il, et j'offrirais bien volontiers les trois membres qui me restent pour que la France ne fût pas démembrée.

Pauvre jeune homme ! il ne se doute pas qu'il a à faire un plus grand sacrifice; la Sœur qui le soigne croit que sa plaie, qu'il s'imagine être guérie, commence à se gangrener.

Pauvre jeune homme, mais surtout pauvres parents !

Il pleut ici des obus toute la nuit, plusieurs malades ont été blessés; les journaux disaient à ce sujet que le général Trochu avait fait porter au Val-de-Grâce les blessés prussiens après avoir fait prévenir le roi Guillaume que s'il lui plaisait d'assassiner ses sujets, il n'avait qu'à continuer le feu sur l'hôpital; vérification faite, il se trouve qu'au lieu de cela on n'a laissé là que les Français et porté dans des casemates les Prussiens.

Certaines personnes appellent cela de la générosité; je trouve, moi, que c'est tout simplement de la duperie.

Aucune de nos bonnes Sœurs n'a cependant été touchée ni là ni au Luxembourg, plusieurs cornettes ont été déchirées, des robes percées, des bandeaux effleurés par des éclats d'obus et avec cela pas une égratignure. Le costume de ces saintes filles est un vrai paratonnerre.

Au sortir du Val-de-Grâce, Georges m'a accompagnée jusqu'aux Enfants-Trouvés et a repris bien vite le chemin d'Issy.

Je suis entrée dans la cour toute remplie de fragments d'obus qui y éclatent toute la nuit, sans qu'un seul ait pénétré dans la maison. Encore un miracle !

Cependant, comme les filles de Saint-Vincent savent qu'il faut commencer par s'aider si l'on veut que le Ciel nous aide, elles ont employé la journée à déménager les bébés. Il a fallu réunir dans une salle voûtée au rez-de-chaussée tous ceux qui se trouvaient au rez-de-chaussée et au second. On comprend que l'espace était trop resserré pour songer à transporter les berceaux. Les Sœurs ont suppléé à la literie par des tables couvertes de matelas sur lesquels elles ont rangé tous ces petits êtres les uns auprès des autres comme des sardines.

Des nourrices de garde se promènent entre les rangs; ce serait un spectacle à la fois curieux et amusant si ces pauvres enfants n'avaient pas à souffrir, mais toutes ces petites figures sont si pâles, tous ces petits corps si amaigris, que l'on se sent pris en les voyant d'une pitié immense.

12 *janvier.*

On s'habitue à tout, même aux bombes, elles tombent un peu partout sur la rive gauche, et personne ne s'en émeut plus : les uns parce que, comme la famille Cocardeau, ils se sont réfugiés dans leurs caves blindées, où, grâce aux provisions accumulées, ils peuvent braver longtemps ce qu'ils appellent pompeusement les horreurs du siége; les autres parce qu'ils se sont dit qu'après tout on ne meurt qu'une fois, et que Paris est si grand qu'il faudrait avoir bien peu de chance pour être tué.

Douze personnes ont cependant été mortellement atteintes cette nuit, et rien n'annonce que les Prussiens soient fatigués d'assassiner.

Pauvre Paris, objet de tant d'admiration et de tant de jalousies, sommes-nous donc destinés à le voir périr comme ont péri ces capitales de l'antiquité dont l'histoire nous a conservé les noms entourés d'une splendide auréole et dont maintenant nous chercherions vainement les ruines dans le sable ou dans la poussière! Leurs crimes furent la cause de leur chute, et Paris a bien des fautes à se reprocher. Mais, pourtant il y a encore plus que les cinq justes exigés par la Providence pour sauver la ville coupable. A côté de ceux qui blasphèment il y a ceux qui prient; à côté de l'égoïsme, il y a la charité qui fait des miracles.

Louise continue à mieux aller, je la crois hors de danger ; quant à son mari, depuis la mort du petit Gustave, il n'a pour ainsi dire plus reparu, pas même pour venir chercher de l'argent; il est vrai que sa femme gagne juste de quoi ne pas mourir de faim ; ce ne serait pas une raison pour qu'il ne prît pas tout, mais j'ai dans l'idée qu'il a trouvé moyen de s'en procurer ailleurs et d'une manière, sinon honnête, au moins facile.

13 *janvier*.

Un pigeon, disent les uns, un brave bourgeois de Vesoul, disent les autres, qui aurait traversé la Seine sur la glace, un ballon monté et ce qui est bien plus fort, dirigé, prétendent quelques personnes, a apporté pendant la nuit les excellentes dépêches que nous avons lues ce matin.

A en croire ces bienheureuses nouvelles, Chanzy serait à l'Ouest avec 250,000 hommes, Faidherbe au Nord, Bourbaki irait rejoindre Bressoles à Lyon. Quant à Garibaldi, il remporte à chaque instant de superbes victoires et ne s'assied jamais à table sans avoir anéanti pour se mettre en appétit deux ou trois corps prussiens.

Ce serait bien beau si.... mais ces dépêches sont écrites par Bordone et signées par Gambetta.

Nous savons aujourd'hui ce que valent ces nouvelles.

Si cependant la dixième partie de ce que le gouvernement nous annonce est vrai, pourquoi ne pas faire une sortie? Pourquoi attendre, toujours attendre?

Des centaines de mille hommes nous cernent, il est vrai, mais nous sommes plus nombreux qu'eux ; ils ont des canons, nous en possédons au moins autant et de meilleurs ; ils sont disciplinés, soit ; mais nous, ne sommes-nous pas héroïques ? Nous le répétons sans cesse, il serait temps de le montrer.

Cette nuit leurs projectiles incendiaires ont atteint l'hôpital de la Maternité, l'ambulance de Sainte-Périne, l'hospice de l'Enfant-Jésus, la communauté de Notre-Dame de la Croix, l'Observatoire, le Muséum, la Sorbonne, la bibliothèque Sainte-Geneviève, les Invalides, les serres du jardin des Plantes et autres monuments du même genre.

Si, comme ne manqueront pas de le dire plus tard les Prussiens, c'est par pur hasard qu'ils ont bombardé ambulances, hospices et musées, je les en plains, car leurs boulets auront fait plus de mal à leur honneur qu'à nos murailles.

15 *janvier.*

Les Prussiens ont hâte d'en finir, le bombardement devient effroyable; les obus qui ne pleuvaient ici que la nuit ne discontinuent plus; du 5 au 10 ils n'avaient tué que 39 enfants, 57 femmes et 93 hommes; très-probablement le nombre des victimes va augmenter dans une grande proportion.

Déjà nous n'avions plus de bois et presque plus de viande. Il paraît qu'à présent nous allons être rationnés même pour le pain, si l'on peut appeler pain cette matière noirâtre, aigre, visqueuse et gluante où il entre de tout et même un peu de farine, ce dont certes on ne se douterait pas à la couleur du produit.

Quoi qu'il arrive, Paris ne veut pourtant pas capituler et, pour le moment du moins, semble résolu à mourir de faim ou à se laisser ensevelir sous les ruines de ses monuments plutôt que de demander ou même d'accepter une paix honteuse.

Cette crise de courage, je dirais d'exaltation, durera-t-elle? Je crains bien qu'il n'en soit de l'héroïsme parisien comme des forces d'un malade en proie à une violente crise de nerfs; le déploiement d'énergie ne dure que peu et fait trop vite place à une prostration si complète qu'un malade que plusieurs personnes avaient peine à contenir quelques minutes auparavant, peut à peine faire un léger mouvement.

Les bonnes nouvelles apportées de Bordeaux et les dépêches annonçant que, par les soins de M. Gambetta, 15,000 bœufs et 40,000 moutons sont déjà parqués auprès du chemin de fer pour être envoyés à Paris et le ravitailler pourrait bien être pour quelque chose dans cet enthousiasme factice.

Hélas ! réunir des moutons n'est rien de bien difficile, mais les faire arriver à destination est autre chose. M. Gagne l'archi-poëte en doute lui-même, mais, en sa qualité d'inspiré, il ne se préoccupe pas de si vulgaires détails et propose au gouvernement avec un sérieux capable d'égayer même en temps de siége, de remplacer la viande de bœuf et de cheval par la chair humaine, et l'alimentation ordinaire par le philanthropophagie ou *manducation fraternelle de l'homme par l'homme*.

En attendant qu'on n'en vienne pas à cette extrémité, le nombre des chevaux diminue si rapidement que déjà les corbillards ne peuvent plus faire leur service et que c'est à bras d hommes que depuis quatre ou cinq jours on porte les morts au champ du repos. Les omnibus marchent encore sur certaines lignes, mais ne tarderont pas à s'arrêter pour le même motif.

Ce qui ne s'arrête pas, c'est le froid, le thermomètre continue à se promener entre 7 et 10 degrés, nous avons beaucoup de malades qui nous arrivent des avant-postes où la vie est bien rude en cette saison. Les pauvres aussi souffrent beaucoup malgré les prodiges qu'accomplit la charité.

Quand je dis prodiges ce n'est pas une exagération.

Je ne veux en citer que deux exemples, celui de M. Richard Wallace, un Anglais habitant Paris ; depuis le commencement du siége il a donné 400,000 francs, et voici qu'il vient de s'inscrire encore pour 100,000 francs en faveur des victimes du bombardement.

MM. Rothschild n'ont pas voulu demeurer en reste avec le généreux insulaire, et ils ont donné 200,000 francs pour acheter des habits aux nécessiteux.

Il y a peu de personnes qui puissent disposer de pareilles sommes, mais beaucoup ont été dans leurs dons jusqu'aux dernières limites du possible.

16 *janvier*.

L'ami de Georges est mort ce matin, au moment où sous une pluie d'obus on évacuait les malades et les blessés du Val-de-Grâce, pour les transporter dans un local moins exposé.

Le malheureux jeune homme avait été affreusement atteint, et ni le docteur ni les infirmières ne se faisaient illusion sur ce qui devait arriver. Sa mort n'en a pas moins été douloureuse pour tous ceux qui l'avaient approché pendant sa courte maladie. Il était si doux, si pieux, si résigné et en même temps il désirait si vivement revoir sa jeune femme et son premier enfant âgé de quelques mois à peine. Il ne regrettait ni la fortune ni la jeunesse, mais ceux qu'il laissait après lui, trois générations qui le pleureraient : son père et sa mère, sous le toit desquels il demeurait encore ; sa femme, presque une enfant, vingt ans à peine et déjà mère, aujourd'hui veuve; son enfant qui commençait à balbutier son nom.

La veille de sa mort, encore plein de confiance et d'illusions, il avait voulu écrire à sa jeune femme par le ballon qui devait partir dans la nuit, non pas encore pour lui annoncer son horrible blessure, mais pour la préparer à cette triste nouvelle. Je lui avais servi de secrétaire et sous sa dictée j'avais écrit sa lettre tout imprégnée d'affection conjugale, d'amour paternel, de respect filial et de ce parfum de catholicisme particulier aux âmes grandes et généreuses.

Là-bas, ils n'ont pas encore reçu cette lettre qui leur arrivera du ciel et qu'ils attendent, qu'ils liront sans la comprendre et qui leur causera à peine une vague inquiétude, et lui le fils, le mari, le père, il dort déjà de son dernier sommeil, recouvert de cette terre de sa patrie qu'il était venu défendre, protégé par l'ombre de cette croix dont il avait toujours été le soldat fidèle.

Aujourd'hui, fête du pieux roi Guillaume ; c'est sans doute en l'honneur de cet anniversaire que les Prussiens ont redoublé leur feu.

Rien de nouveau pourtant, sinon que deux obus ont traversé la Seine et sont allés éclater sur les quais, de l'autre côté, en face des maisons du quai de Bethune portant les numéros 32 et 34 ; la coupole du Panthéon a été particulièrement criblée de projectiles.

Si l'intention des Prussiens était d'offrir en cadeau à leur bien-aimé souverain la ville de Paris, ils en seront pour leurs frais. Personne ne pense à capituler. Je voudrais que l'on songeât à faire une sortie ; le plan du général Trochu commence à devenir suspect. Il y a si longtemps qu'on en attend patiemment l'exécution.

17 janvier.

Point de nouvelles des armées qui marchent à notre secours. Pour leur donner le temps d'arriver, voici que l'on vient, dans le neuvième arrondissement, de commencer le rationnement du pain : chaque personne n'en recevra plus que 500 grammes.

Mauvais signe.

Est-ce dans l'air, est-ce en moi seulement ? je me sens je ne sais quelle épouvante ; il me semble qu'il y a dans la physionomie de Paris quelque chose qui présage une grande crise, une crise néfaste. On prononce tout bas ce mot de commune qui a été le cri de ralliement des insurgés du 31 octobre. On accuse tout haut le gouvernement et le gouverneur de manquer de résolution, de confiance dans le peuple armé qui ne demande qu'à combattre. Cette demande est-elle sincère ?

J'en doute non pas pour quelques-uns, mais pour beaucoup. Nous avons déjà vu les outranciers à l'œuvre et nous savons ce qu'ils veulent dire et ce qu'ils valent.

Les plus sinistres rumeurs courent la rue; on y dit que nos forts d'Issy, de Vanves, de Montrouge, ont énormément souffert, que les casemates sont défoncées, qu'en certains endroits nos remparts s'écroulent et font déjà de larges brèches.

Est-ce vrai?

Hier nous étions sauvés, aujourd'hui nous sommes perdus; toujours la même exagération, toujours la même facilité à tomber d'un excès dans l'autre.

18 *janvier*, 4 *heures du soir.*

Ce n'est plus à 500 grammes, mais à 300 que nous sommes rationnés; de cette manière, dit-on, nous gagnerons un jour sur cinq : ce genre de calcul ne me semble pas parfaitement exact et je crains bien que trois cents grammes de cet horrible pain si peu nourrissant ne puissent pas suffire au plus grand nombre des habitants.

Le total des morts, je veux dire des tués par les obus pendant les trois dernières journées, a été de 85 personnes : faible résultat, vu le nombre des projectiles lancés, mais bien affligeant quand on pense que chacune de ces morts est un assassinat. Par compensation l'état sanitaire de Paris est meilleur qu'il n'a jamais été; il semble que ce devrait être le contraire, mais la Providence a ses vues qu'il ne nous est pas permis de sonder.

J'espérais voir Georges aujourd'hui et pour parvenir à ce résultat je comptais sur la protection de la sœur Saint-Etienne. Elle avait à aller à Issy, pour l'enterrement d'une Sœur assistante de leur maison des Ménages, et ce matin à sept heures je suis partie avec elle, espérant bien que, grâce à ma compagne, le sergent de service à la porte de Vaugirard me laisserait passer.

J'en ai été quitte pour la course à pied, car il n'y a plus d'omnibus faute de chevaux pour les traîner. Le sergent a été inflexible. J'ai eu beau me recommander de la cornette blanche, rien n'y a fait et force m'a été de revenir sur mes pas.

D'après ce que m'a dit la bonne Sœur, je n'y ai rien perdu ; le bataillon des Bretons venait de partir fusils en bandoulière, couvertures roulées ; ce départ précipité joint à ce que j'ai entendu dire de certaines mesures prises, telles que réquisition des chevaux et des voitures, convocation des bataillons de marche de la garde nationale, avis aux brancardiers de se tenir prêts, donnent de la consistance au bruit répandu que ce soir il y aura enfin une grande sortie.

Quel en sera le résultat, je tremble d'avance qu'il ne soit pas plus heureux que celui des précédents combats ; et cependant, puisqu'il faut de toute manière en arriver à cette extrémité, mieux vaut tout de suite que plus tard, puisque la famine est là qui nous prend à la gorge et qui, si nous n'agissons pas immédiatement, va dans quelques jours nous livrer pieds et poings liés à nos ennemis.

Sœur Saint-Etienne n'a pas attendu à demain pour voir le feu, et il serait, je crois, difficile d'assister à une scène aussi dramatique que celle de l'enterrement dont elle revient.

Le cimetière d'Issy étant occupé par notre artillerie, il a fallu porter le corps au cimetière des Dames-Anglaises en traversant leur grand jardin qui est juste entre les batteries françaises et les batteries prussiennes qui croisaient leur feu au-dessus du cortége. Le cimetière n'était pas moins exposé, et ce fut sous cette voûte d'obus qui sifflaient en passant et allaient s'abattre à quelques centaines de pas plus loin que le corps fut descendu dans la fosse et le *De Profundis* chanté avec accompagnement de Krupps et de pièces de marine, échangeant leur mitraille au-dessus du cercueil entouré de prêtres, de religieuses et de petites filles en prière. Dieu a permis qu'aucune des personnes présentes, et il y en avait au moins deux cents, Sœurs ou élèves, ne reçût la moindre blessure. Et il est à remarquer que jusqu'à présent, aucune des filles de Saint-Vincent-de-Paul n'a été atteinte, quoique s'exposant dans les endroits les plus périlleux.

Qu'on en dise ce que l'on voudra, mais ce que Dieu garde est bien gardé.

Le vent souffle avec violence, il a plu presque tout le jour, et à présent j'entends retentir le grésil contre mes carreaux. A la dernière sortie la terre était trop dure, ne sera-t-elle pas trop détrempée cette fois-ci?

10 heures du soir.

Le ciel est sinistre, il pleut toujours, le tambour bat dans toutes les rues, les lourds chariots, les canons et les caissons ébranlent le pavé, les bataillons succèdent aux bataillons, et dans le lointain le canon tonne lugubre et angoissant. La bataille serait-elle donc déjà commencée, ou bien n'est-ce que la continuation du bombardement? Cela pourrait bien être. Un obus vient encore d'éclater sur la place, il n'y avait heureusement personne ; tous les dommages se sont bornés à un candélabre brisé et à quelques pavés déplacés.

19 *janvier.*

C'était bien la bataille ; ce matin elle nous a été annoncée par une proclamation finissant par ces mots :

« Souffrir et mourir s'il le faut, mais vaincre ! »

Cette proclamation est signée de tous les membres du gouvernement; il y est question de patrie, de dévouement, de famille, de liberté ; mais pas un mot de Dieu.

Les armées de la République se suffisent donc à elles-mêmes. Il serait temps de reconnaître le contraire, il serait temps d'en finir avec cette phraséologie républicaine, avec tous ces lieux communs d'avocats, avec tous ces chants soi-disant patriotiques dont l'impuissance n'est que trop reconnue ; il serait temps que la France se ressouvînt qu'elle porte encore le nom de fille aînée de l'Église ; qu'elle se frappât la poitrine comme l'enfant prodigue en répétant comme lui : « Mon père, j'ai péché contre le ciel et contre vous. »

Peut-être alors vaincrions-nous.

Depuis la mort de son enfant, Louise revient à Dieu ; j'ai profité de ses bonnes dispositions pour lui demander, puisqu'elle est libre aujourd'hui, son mari bien guéri de sa blessure étant de garde aux remparts, si elle ne voudrait pas venir avec moi entendre une messe que je fais dire pour nos soldats et en particulier pour Georges ; elle n'a pas mieux demandé et m'a accompagnée avec Laure jusqu'à Notre-Dame-des-Victoires.

Un beau nom, un jour de bataille.

Il y avait dans l'église beaucoup de parents qui priaient pour leurs enfants, l'autel ruisselait de lumière, et dans la nef régnait le plus admirable recueillement.

Nous sortions de l'église consolées et confiantes lorsqu'un groupe d'anciens tirailleurs de Flourens, qui avaient trouvé moins dangereux de passer chez un marchand de vin la journée employée par leurs camarades à combattre les ennemis de la France, a accueilli par des quolibets et des blasphèmes les personnes qui venaient de prier.

Le mari de Louise, ivre au point de ne pouvoir plus se tenir sur ses jambes sans s'appuyer aux murs, avait pourtant reconnu sa femme et sa fille, et, furieux de les voir remplir des devoirs dont il se dispensait depuis longtemps, se traînait après nous, jurant d'une manière ignoble et nous poursuivant de propos tellement grossiers, qu'un homme du peuple, indigné, le prenant par le bras, le secoua si rudement qu'il alla tomber sur un tas d'ordures accumulées au coin d'une borne et sur lequel il resta assis, ne pouvant plus se relever.

Voici ce que ces misérables appellent monter la garde aux remparts.

Assurément les injures que nous adressa ce misérable me touchèrent peu, mais les insultes proférées par lui et ses dignes compagnons contre la reine du ciel, notre unique refuge dans l'extrémité où nous nous trouvons, me navrèrent en m'enlevant le ferme espoir que j'avais en la protection de Notre-Dame.

Quelle journée d'anxiété !

Ce soir à quatre heures nous avons appris que les hauteurs de Montretout, Garches et la Jonchère ont été enlevées par la troupe et la garde nationale.

« La colonne du général Ducrot, dit le rapport, soutient, vers les hauteurs de la Jonchère, un fier combat de mousqueterie. Tout va bien jusqu'à présent. »

Cette terrible fusillade a duré longtemps encore, jusqu'à la nuit. Quel en a été le résultat?... Pas de nouvelles... Mon Dieu, que je suis donc inquiète. Georges fait précisément partie de la colonne du général Ducrot.

A cette heure-ci, onze heures et demie, le bombardement a presque entièrement cessé, c'est de bon augure ; pourquoi les Prussiens renonceraient-ils à nous bombarder si ce n'était parce qu'ils reculent?

Il est probable que demain matin, aux premières lueurs du jour, l'action va recommencer.

20 *janvier*, 10 *heures du matin.*

Toujours battus ! Trochu annonce qu'il a encore dû ordonner la retraite; il doit y avoir des masses de blessés et de tués, le rapport finit par ces mots peu rassurants :

« Pour l'enlèvement des blessés et l'enterrement des morts, il faudra du temps, des efforts, des voitures très-solidement attelées, et beaucoup de brancardiers. »

Je pars à l'instant avec sœur Saint-Etienne.

21 *janvier*.

Quel malheur ! Georges, le brave, le vaillant Georges, est grièvement blessé, une balle lui a brisé l'épaule et, glissant sur les côtes, est venue sortir à la hanche.

Le docteur essaye de me rassurer, mais la plaie est affreuse et mon pauvre frère souffre horriblement. Malgré ses douleurs il essaye cependant de sourire pour ne pas m'effrayer. Sa résignation égale son héroïsme.

Ce soir la fièvre est un peu tombée, mais il me semble plus inquiet que ce matin, et ses grands yeux bleus cerclés de noir ont un éclat effrayant.

Dieu a permis qu'il pût être transporté à l'ambulance des Frères de la Doctrine chrétienne ; c'est assurément beaucoup moins élégant que celle des Sœurs de France et de toutes ces autres contrefaçons d'infirmières, chez lesquelles les blessés sont infiniment plus mal soignés qu'ici et ont souvent les plus grandes difficultés à recevoir les secours de la religion. Car au nom de la tolérance ces dames, qui ne veulent surtout pas avoir l'air de se dessaisir de leurs chers malades sur lesquels leur vanité s'arroge un monopole exclusif, ne laissent que très-difficilement un prêtre ou une religieuse s'introduire dans leur domaine.

Ici rien de semblable. Georges a vu l'abbé Bertrand, sa conscience est en repos, et son sac, dit-il, bouclé pour le grand voyage si Dieu veut qu'il le fasse.

Mourir en combattant pour son pays, mourir prêt à paraître devant Dieu et à lui dire : Seigneur me voici, je me présente à vous muni de vos sacrements, absous par votre représentant, purifié par mon propre sang, c'est assurément la plus belle mort qu'un homme, un chrétien puisse désirer.

Mais pour ceux qu'il laisse derrière lui, quel vide et quels regrets. Je ne sais comment annoncer à mon père cette fâcheuse nouvelle; je voudrais pouvoir lui écrire que Georges est hors de danger et je crains qu'au contraire, si je retarde, je ne puisse plus lui donner aucune espérance.

Si encore nous étions vainqueurs, si tout ce sang généreux n'avait pas coulé en vain; mais hélas, l'insuccès de notre dernière sortie est encore plus complet que celui des deux autres. Les troupes engagées ont fait preuve d'une bravoure admirable, mais cette bravoure n'a servi qu'à nous convaincre de notre triste impuissance et qu'à sacrifier des hommes sans autre résultat que de prouver que nos soldats n'ont pas dégénéré.

J'entends dire autour de moi que nos pertes s'élèvent à près de 4,000 hommes tués ou blessés; il m'est impossible de vérifier l'exactitude de ce chiffre, mais je ne doute pas qu'il ne soit inférieur à la réalité.

Les balles prussiennes, qui comme leurs obus frappent au hasard, ont dans ce combat acharné tranché de nobles existences, et parmi les morts inconnus les brancardiers ont relevé le colonel Rochebrune, un des héros de la dernière guerre de Pologne; le peintre Regnault, espoir de la peinture française; Gustave Lambert, le savant et ardent promoteur d'une expédition au pôle Nord; le baron de Cambray, le comte de Montbrison, le marquis de Coriolis, vieillard en cheveux blancs auquel sa fidélité au roi avait fait déposer son épée en 1830 et que son amour pour la France avait refait soldat trente et un ans plus tard.

Sans être mauvaises, les nouvelles de la province ne sont pas bonnes; si Bourbaki a été deux fois vainqueur des Allemands dans l'Est, le général Chanzy avoue qu'il a été battu par Frédéric-Charles et rejeté derrière la Mayenne avec une perte de 10 mille hommes et de 12 pièces de canon.

C'était sur cette armée que Paris comptait le plus pour sa délivrance; quoi qu'en dise le général, tout espoir est perdu de ce côté, jamais Paris n'aura assez de vivres pour pouvoir attendre les deux ou trois mois nécessaires pour réorganiser une armée. Les expédients auxquels on a recours pour prolonger de quelques jours l'alimentation de la ville, les réquisitions, les visites domiciliaires chez les absents, les mélanges d'avoine et de farine ne sont que de misérables palliatifs qui n'empêcheront pas les vieillards et les enfants de continuer à mourir par suite d'insuffisance de nourriture, et les mécontents de murmurer contre le gouvernement, et sous prétexte de se débarrasser de Trochu pour organiser par la Commune la défense à outrance, de profiter de nos malheurs en les aggravant par la révolte, le pillage et l'incendie.

Les infâmes! et ils se disent Français.

Dimanche 22, 8 *heures du matin.*

Georges va mieux : le docteur lui a mis à l'épaule un appareil au moyen duquel il espère que l'os brisé se soudera plus ou moins vite, mais sûrement.

Le bombardement a continué pendant toute la nuit avec une extrême violence à Montrouge et à Saint-Denis, il durera toute la journée; les Prussiens savent que le dimanche il y a toujours du monde dans les rues et dans les églises sur lesquelles ils tirent avec acharnement. La cathédrale de Saint-Denis dont le bombardement est commencé depuis hier a reçu pour sa part dix-sept obus... par hasard, comme les soixante qui sont venus s'abattre sur l'hospice du Val-de-Grâce, quoique les habiles artilleurs du roi Guillaume visassent, à ce qu'ils prétendent le fort d'Issy qui en est à sept kilomètres.

A tant faire que de mentir, un peu plus ou un peu moins d'impudence ne coûte rien.

Je suis allée à la messe de grand matin. Que les églises sont tristes à peine éclairées faute d'huile et de gaz! humides, froides, silencieuses.

Plus de musique, plus de chants, des messes basses, le soir un simple salut accompagné du bruit des obus qui éclatent dans le voisinage, et qui, s'ils venaient à tomber au milieu des fidèles, causeraient d'affreux malheurs; mais Dieu veille sur son troupeau réuni comme autrefois les premiers chrétiens dans les catacombes, pour invoquer son saint nom, et jusqu'à présent il a écarté d'eux le vol de ces terribles messagers de mort.

Au moment où je suis sortie de l'église, on venait d'afficher une proclamation du nouveau gouverneur militaire de Paris, faisant appel à la garde nationale pour réprimer les tentatives de factieux, qui « tandis que l'ennemi bombarde la ville, s'unissent à lui pour l'anéantir. »

Plusieurs personnes lisaient sans comprendre de quoi il s'agissait, et bien que je susse que depuis quelques jours les clubs redoublaient de violence et demandaient la déchéance du général Trochu, je n'étais pas plus avancée que les autres, quand un monsieur qui arrivait de Belleville nous a raconté qu'en effet, pendant la nuit, une poignée d'émeutiers avaient forcé la prison de Mazas où se trouvait enfermé l'illustre Gustave Flourens, l'avaient délivré et aussitôt proclamé en qualité de généralissime de l'armée de Paris.

J'avais à prendre du linge pour Georges, et comme il y a loin de ma petite chambre à l'ambulance, je me suis rapidement dirigée vers la maison.

Il pouvait être sept heures du matin, et un groupe de gardes nationaux portant chacun un pain au bout du fusil, stationnait en causant bruyamment devant notre porte comme s'ils attendaient quelqu'un.

A leur accent et à leur manière d'être, j'ai bien reconnu que déjà ils étaient à moitié ivres. Ils ne m'ont rien dit pourtant et m'ont même fait place en voyant que je voulais passer.

Un moment j'ai hésité si je n'entrerais pas chez Louise pour lui donner des nouvelles de mon frère ; j'allais le faire quand j'ai entendu la voix de son mari, et je me suis bien gardée de frapper à sa porte. Mais nos deux chambres ne sont séparées que par une mince cloison de briques et comme il parlait très-haut, je l'ai entendu qui disait :

— Le pain, vous pouvez le manger, nous autres citoyens nous saurons bien nous en faire donner, à présent que nous avons pour général un véritable ami du peuple.

Cette nuit nous n'étions pas cent pour le délivrer des mains liberticides des réactionnaires ; il n'en a pas fallu plus que cela pour renverser les barrières de la prison. Alors lui, il nous a dit : Mes braves tirailleurs, je vous reconnais, avec vous je sauverai la république. Suivez-moi !

Nous l'avons suivi à la mairie du XXe, et tout de suite le vaillant citoyen nous a distribué 2,000 rations de pain et un tonneau de vin que les réactionnaires avaient mis là en réserve pour leurs malades.

Nous avons bu pour nous remettre, puis, pour nous donner de l'appétit, nous avons pillé les provisions d'un épicier accapareur, et comme nous n'étions pas en nombre pour proclamer la vraie république, nous nous sommes séparés pour aller réunir les amis afin d'aller nettoyer un peu les salles de l'Hôtel-de-Ville occupées par la vermine de la réaction.

Voici un saucisson que j'ai rapporté pour ma part, il me gênerait, tu vas le serrer dans un bon endroit, il n'y en a pas trop pour moi seul, tu comprends.

A présent je vais rejoindre les amis ; si les affaires marchent bien, comme je l'espère, ce soir je n'aurai pas soif en rentrant.

Il partit d'un gros éclat de rire, jeta son fusil sur son épaule et sortit en répétant : Il est temps que le peuple souverain fasse rendre gorge aux infâmes accapareurs.

Allons ce soir il y aura encore quelque émeute, et les Parisiens donneront à leurs ennemis le spectacle de vaincus, qui sous les yeux de leurs vainqueurs se déchirent et s'égorgent comme des bêtes fauves enfermées dans une cage de fer.

8 heures du soir.

J'avais bien raison de m'y attendre, la crise a eu lieu sous mes yeux ; elle est terminée pour le moment, comme toutes les révoltes dans ce Paris inconstant, frivole, vaniteux, oublieux de toute discipline et manquant absolument d'énergie pour faire sa propre police.

Les Parisiens sont bien heureux qu'avant le siége quelques bataillons de volontaires du dehors soient venus s'enfermer dans ses murs ; Dieu sait où sans ce secours providentiel, en serait la population à cette heure. Assurément il y a longtemps que grâce aux dix ou douze gouvernements qui se disputeraient le pouvoir, les Prussiens seraient les seuls maîtres.

Parmi les malades de notre ambulance, nous avons beaucoup de fiévreux. Au moment de la visite du médecin, sœur Rosalie, spécialement chargée de la pharmacie, s'est aperçue que le flacon de quinine était à peu près épuisé. Elle ne pouvait pas s'absenter en ce moment et m'a priée d'aller en acheter une provision à une fabrique de produits chimiques près de la rue des Lombards.

Il était environ deux heures et je suis partie aussitôt; les rues étaient pleines de monde qui se dirigeait vers les quais et la place de la Concorde uniquement pour se promener et jouir de la plus douce journée que nous ayons eue depuis le commencement du siége.

Moi qui avais autre chose à faire qu'à aller boire le soleil, j'ai traversé le pont Royal, le Louvre et ai passé devant la place de l'Hôtel-de-Ville, sur laquelle je remarquai quelques groupes causant avec animation, mais cependant sans attirer en rien l'attention générale.

Moins d'une heure après, quand je voulus repasser, quel ne fut pas mon étonnement de voir cette même place couverte de curieux, et dans le fond, faisant face à l'Hôtel-de-Ville, deux compagnies du 101e de marche, l'arme au pied.

L'Hôtel semblait absolument vide, point de sentinelles à l'extérieur, mais seulement quelques officiers du bataillon du Finistère se tenant entre la grille fermée et l'Hôtel, et parlementant avec la foule.

Je demandai à un bon bourgeois qui sa femme au bras et donnant la main à un enfant, regardait cette scène, ce que signifiait cela.

— Quelque manifestation, fit-il d'un air railleur; il y en a ici presque tous les jours, et faute de spectacle nous sommes venus ici pour nous distraire un moment.

Il pouvait y en avoir pour une heure, deux heures peut-être, avant que commençât la nouvelle manifestation. Je traversai la place sans me préoccuper de certains roulements de tambours que je ne croyais nullement suspects, et qui n'étaient pas moins que les sommations légales.

En ce moment je remarquai un groupe de gardes nationaux armés de chassepots et auquel l'ex-tirailleur de Flourens, le mari de Louise, semblait commander.

Cet homme paraissait singulièrement animé, il me remarqua cependant lorsque je passai près de lui, car il dit en me regardant d'un air insolent :

— Aujourd'hui les réactionnaires se promènent, mais demain nous les mettrons à l'ombre pour leur conserver la peau blanche.

Le troisième roulement se fit entendre; les gardes nationaux qui s'étaient séparés par petits groupes de cinq ou six mirent un genou en terre.

Au même instant du haut d'un balcon une voix cria :

— Au commandant.

Et une vive fusillade éclata sur la place et au balcon. Au cri poussé par un inconnu ceint d'une écharpe rouge, mes yeux s'étaient portés sur le commandant de l'Hôtel, je vis tomber un officier près de lui, mais il ne me parut pas qu'on l'eût atteint.

Du reste je n'ai pas eu le temps d'examiner beaucoup ce qui se passait.

A la fusillade dirigée sur eux et sur leurs officiers les soldats du Finistère répondirent en déchargeant par les fenêtres leurs armes sur les agresseurs; j'entendis siffler une balle à mes oreilles et comme disait un marin, je sentis passer sur mon visage le vent de la mort.

Ce fut une déroute sans nom, un effroyable pêle-mêle de femmes, d'enfants et de curieux poussés, bousculés, écrasés par les vaillants émeutiers qui, voyant que les mobiles répondaient aux balles par des balles, prirent la fuite dans toutes les directions, jetant leurs armes, leurs écharpes et jusqu'aux képis qui, portant le numéro du 101e, auraient pu les faire reconnaître.

Dans le premier moment il me fut impossible de résister au torrent et je fus entraînée dans l'avenue Victoria où je pus me réfugier dans l'embrasure d'une porte pour ne pas être écrasée.

Il y avait dans cette avenue plus de cinq cents personnes couchées à plat ventre dans la boue pour éviter les balles, et parmi ces aplatis de la peur, bon nombre de tirailleurs, d'éclaireurs et autres émeutiers, race de gens qui ne sont terribles que pour ceux qui en ont peur.

L'arrivée de nouveaux bataillons de la garde nationale mit fin à cette bagarre, le feu cessa, la place et l'avenue furent évacuées avec une merveilleuse promptitude, et les trois quarts de Paris n'apprirent que le lendemain l'agression aussi lâche que folle dont le gouvernement avait failli être la victime.

Tout cela a duré bien peu, mais le résultat de cette ignoble émeute n'en a pas moins été sanglant, plus de quarante cadavres ont été relevés sur la place, des femmes et des enfants ont été tués; quant aux dommages matériels, ils se bornent à des carreaux cassés et quelques statues écornées. En revanche il paraît que l'on a saisi le scélérat qui a commandé le feu.

Les Prussiens doivent être contents de leurs alliés.

24 janvier.

Depuis hier Paris a repris sa physionomie, le sang est lavé, les morts enterrés, les carreaux remis; de l'émeute il ne reste plus d'autre trace que quelques mouchetures blanches sur la pierre grise des statues ; personne n'y penserait plus si les émeutiers que le gouvernement a le tort de ne pas punir, ne vociféraient hautement qu'ils viendront prendre leur revanche.

Ils ne reviendront pas, parce qu'il y a des canons à l'Hôtel-de-Ville, et derrière ces canons des mobiles bretons, qu'ils savent qu'ils trouveraient à qui parler et qu'ils ont peur ; mais une coupable indulgence leur laisse le pouvoir d'insulter et de menacer.

Un décret du gouvernement ferme les clubs et suspend les journaux incendiaires de Félix Pyat et de je ne sais quel autre aboyeur de la démagogie; ce serait presque une victoire du bon sens et de l'autorité si d'un autre côté, pour faire plaisir à cette même canaillocratie, le gouvernement de la défense nationale ne déclarait que le titre et les fonctions de gouverneur de Paris sont supprimés.

Trochu étant particulièrement odieux aux clubistes, le gouvernement le supprime. Toujours le même système de bascule : de la justice en escarpolette tour à tour en haut et en bas.

Un obus énorme est venu ce matin tomber dans la cour de notre ambulance; deux minutes plus tôt il aurait tué deux Sœurs et plusieurs infirmières qui étendaient des linges pour les faire sécher. Tout autour de la cour qui n'est pas grande, les murs ont été écorchés, mais personne n'a été touché, bien que plusieurs éclats aient été projetés dans une salle remplie de malades.

Du dehors, je veux dire de la province, aucune nouvelle; les pigeons n'arrivent plus. Le froid les avait d'abord arrêtés, à présent je crois que le fracas du bombardement les effraye et que même à une grande hauteur ils n'osent pas traverser le double cercle de feu qui entoure Paris de sa sanglante auréole.

Du reste, à présent que pouvons-nous attendre de la France et qu'est-ce que la France peut attendre de nous ?

Non, il n'est plus possible de se faire des illusions, et à moins d'un miracle que nous sommes loin d'avoir le droit de pouvoir espérer, les jours de notre résistance sont comptés. Nous n'avons plus de pain.

Plus de pain pour nourrir un million d'habitants. Hélas ! il n'est que trop vrai que si nous en avons encore un peu, voici plusieurs jours que nous n'en avons pas assez.

Depuis que ce mot effrayant a été prononcé, les courages les mieux trempés commencent à faiblir. Que pouvons-nous faire, nous n'avons plus de quoi nous nourrir; plus un morceau de pain à donner à nos enfants, et pour peu que nous tardions ou à briser d'un violent effort le cercle qui nous enserre, ou à..... capituler... nous mourrons tous de faim, nous mourrons fatalement, inévitablement, quand même toute la France pourrait librement nous ravitailler, car tous les trains de chemins de fer seraient impuissants à alimenter Paris avant que la moitié des habitants eût succombé aux horreurs de la famine.

Oh ! tant que cette effroyable perspective ne s'est montrée que dans un lointain plein d'incertitude, tout Paris était bien décidé à mourir plutôt que de se rendre, mais quand a retenti tout à coup ce glas funèbre : Plus de pain ! il a passé dans toute la population comme un frisson d'épouvante.

Ce matin même j'ai rencontré une femme dont la vue m'a bien vivement impressionnée ; jeune encore et portant avec dignité ses haillons effrangés, elle tenait dans ses bras un enfant de deux ans à peine, pâle, défaillant, appuyant sa joue de cire sur l'épaule de sa mère debout à la porte de l'église et tendant aux passants une main amaigrie.

— Pour mon enfant qui a faim, m'a-t-elle dit avec un accent et un regard étranges.

J'avais sur moi un bon de soupe pour le fourneau de la rue du Bac.

Ses yeux se sont remplis de larmes.

— Où faut-il aller? m'a-t-elle demandé,

Je lui ai indiqué la rue et le numéro, et oubliant sa faiblesse elle est partie en courant.

Puisse ce secours profiter à son enfant, je le désire plus que je ne l'espère. Pauvres enfants! pour peu que le siége continue il n'en restera plus un à Paris; et Guillaume comme Hérode aura à répondre devant les hommes pour le temps, devant Dieu pour l'éternité, d'un sacrilége massacre des innocents.

Le bombardement est moins vif; hier nous nous en serions encore réjouis, hier nous en aurions conclu que les Prussiens se décourageaient, aujourd'hui ce ralentissement même effraye, car on se dit: si les assiégeants épargnent leur poudre et leurs boulets, c'est qu'ils savent que pour nous vaincre les canons sont désormais inutiles, que nos vivres sont épuisés et que nous touchons à la dernière heure de notre résistance.

25 *janvier*.

Georges a passé une bien mauvaise nuit; jusqu'à ce jour il avait été rempli de confiance, à présent il n'y a plus moyen d'en avoir. Paris capitulera, comme a capitulé Metz, comme a capitulé Sedan. Paris devait sauver la France et il n'aura pas pu se sauver lui-même. Paris avait une armée invincible et cette armée va mettre bas les armes, et sous l'escorte des Prussiens partir pour l'exil et partager la captivité de toutes nos autres armées.

La république devait sauver la France trahie par l'empire, et elle s'est montrée plus incapable que cet empire contre lequel du haut de leur avide nullité son gouvernement de la défense nationale lançait si fièrement l'anathème.

Pas un pouce de terrain, pas une pierre de nos forteresses! Phrase de rhéteur qui nous coûtera non plus quelques milliards, mais trois ou quatre départements, nos principales forteresses, notre fortune natio-tionale et qui plus est notre honneur.

Tout est fini, bien fini.

Toute cette jactance s'est changée en frayeur honteuse, tout cet héroïsme tant vanté est devenu poltronnerie.

Oh! qu'il a raison, le psaume qui dit :

C'est en vain que les hommes armés veillent autour des murs de la ville, si Dieu ne la prend sous sa protection.

Paris et son gouvernement n'ont pas voulu de Dieu, et voici que Dieu les abandonne aux barbares et qu'il permet à Guillaume d'être la verge de sa colère pour châtier la nation ingrate.

Et voici que, pour confondre la vanité de cette population sceptique qui ne veut pas croire à la providence, Dieu la laisse s'abandonner à la plus stupide crédulité.

Les bruits les plus absurdes sont avidement recueillis et circulent de bouche en bouche.

Les Prussiens vont incendier Paris en tirant à boulets rouges sur les monuments; le roi Guillaume a dit à un de ses confidents, qui est venu le répéter à n'importe quelle vieille femme, qu'il était décidé à s'emparer des forts et à laisser Paris *crever* de faim et d'orgueil; pour obtenir la paix, les Parisiens seront tous obligés de se faire luthériens; que sais-je encore?

C'est à hausser les épaules, et cependant voilà ce que croit, quand il a peur, le peuple qui se vante d'être le plus spirituel de l'univers.

Les gardes nationaux continuent à jouer héroïquement au bouchon aux remparts, et à prouver de plus en plus que cette milice n'est bonne qu'à embarrasser, soit en temps de paix, soit en temps de guerre; quant à l'armée, elle se désorganise de plus en plus, grâce à l'indiscipline prêchée comme une vertu par les Delescluze, les Blanqui, les Ranvier et autres prétendus patriotes qui, plus que tous les Prussiens, ont contribué à l'abaissement de la France et à la douloureuse humiliation qu'elle ne peut plus éviter de subir.

Quoi d'étonnant si notre cher et vaillant Georges ne peut pas se faire à une idée si désolante et si l'excitation nerveuse qu'il éprouve naturellement retarde sa convalescence?

26 *janvier*.

Aujourd'hui 130 jours que le siége de Paris est commencé.

Aujourd'hui 130 jours que dans Paris il ne se trouvait personne qui ne crût que jamais la grande cité ne se rendrait.

Et à présent?

« Ne semble-t-il pas, dit M. Vrignault, dans un journal que je lisais tout à l'heure, que Paris est le vaisseau battu par la tempête, monté par des vaillants, des résolus, des dévoués, mais qu'une voie d'eau entraîne au fond de l'Océan?

» La voie peut-elle être aveuglée? Oh! alors debout! debout tous! aux armes! au combat! à l'abordage!

» Sinon élevons nos cœurs, et, s'il faut sombrer, que ce soit comme sombraient nos pères sur *le Vengeur*, noblement, fièrement, en jetant à l'ennemi stupéfait notre dernier cri de : Vive la France! »

On parle de capitulation, vaguement encore, mais ce mot qui, il y a huit jours, aurait suscité une tempête ne cause même plus d'étonnement; on dit bien le général Vinoy décidé à tenter un nouvel et suprême effort, on parle bien de grands mouvements de troupes et d'un redoublement de violence dans le feu de nos forts de l'Est, mais qu'est-ce que ces indices à côté de la triste réalité?

D'après des bruits qui d'heure en heure prennent plus de consistance et que le gouvernement ne dément pas, Saint-Quentin est pris, Faidherbe battu, Chanzy battu, Bourbaki en retraite sur la Suisse, et il ne reste plus à la France d'autre général que l'immobile Garibaldi, oublié quelque part par les Prussiens et dont tous les exploits se sont bornés à chasser les prêtres des églises, les religieuses des couvents et à enrichir aux dépens des villes, des villages et des campagnes occupées par ses bandes, une foule d'aventuriers étrangers accourus pour le pillage.

Mon Dieu, quand donc aurez-vous pitié de nous? quand la coupe de votre colère sera-t-elle épuisée?

Dans la journée du 25, deux obus se sont abattus sur la maison que j'habite; l'un d'eux a éclaté dans la chambre même qu'occupe Louise, a tordu les montants de son lit, déchiré les murs, défoncé les fenêtres et brisé une partie des meubles.

Grâce au Ciel, ma voisine se trouvait alors chez la concierge, avec Laure et quelques autres locataires qui s'étaient réfugiés dans la loge située sous l'escalier, et par conséquent moins exposée que le reste de la maison.

Si elle eût été chez elle, elle eût été inévitablement tuée. Son mari ne risque rien ; il paraît qu'en attendant qu'il nous mette à l'ombre, on a commencé par l'y conduire après l'émeute de l'Hôtel-de-Ville.

Louise ne voulant pas se faire tuer a quitté la maison en emportant ce qu'elle avait de plus précieux et s'est réfugiée avec plusieurs autres femmes dans le caveau de Montebello au Panthéon. C'est là qu'entre les tombeaux, les vivants cherchent un refuge.

Paris! Paris, quand reconnaîtras-tu donc la main de Dieu qui s'appesantit sur toi?

27 *janvier*.

Silence de mort! les canons se sont tus, tous les visages sont mornes et anxieux.

Depuis minuit, heure à laquelle a éclaté le dernier obus derrière le Panthéon, aucune détonation ne s'est fait entendre.

Dans la matinée, le gouvernement a fait placarder une affiche pour annoncer que des négociations sont entamées avec l'ennemi.

En ce moment on discute notre rançon.

Georges est plus mal qu'hier; je tremble, non pas pour lui, mais pour nous; de deux à cinq heures il a eu le délire, il voulait se lever et courir aux remparts.

En avant, criait-il, Dieu soit avec nous.

Vaillant cœur!

28 *janvier*.

Tout est fini!

La convention, ce qu'on appelle de ce nom pour ne pas prononcer le mot sinistre de capitulation, est sans doute signée en ce moment.

Tout est fini!

Les Prussiens occuperont ces forts dont ils n'ont pas même pu approcher; ils entreront dans un quartier de ce Paris qu'en dépit de leurs alliés, les républicains de Belleville, ils n'auraient jamais pris, mais que la famine leur a donné; ils arboreront leur drapeau détesté sur le mont Valérien, cette gigantesque sentinelle de pierre qui veillait sur la grande ville et n'a pas pu la sauver. Ils jetteront leur lourde épée dans le plateau de la balance où nous les vaincus apporterons notre or.

En compensation de notre honte, si cela peut s'appeler une compensation, nous aurons du pain, nous n'en avions plus que pour huit jours au moins, pour douze jours au plus, c'est-à-dire juste pour le temps nécessaire au ravitaillement.

On le voit, le gouvernement ne pouvait plus hésiter un seul jour, le terme fatal était arrivé.

Il le fallait, courbons la tête et soumettons-nous, nous n'avons pas le droit de murmurer, mais nous avons celui de pleurer.

On craignait, paraît-il, qu'à la première nouvelle de la capitulation et sous prétexte de patriotisme, les bandits de l'émeute ne se missent en insurrection ; peut-être cela viendra-t-il plus tard, lorsque pour vivre il faudra retourner au travail et déposer ce bienheureux fusil dont la propriété rapportait chaque jour trente sous à son possesseur ; mais pour le moment il n'y a rien à craindre, Paris est calme et triste comme il convient dans les grandes calamités publiques.

29 *janvier*.

Courbons la tête ; à dix heures ce matin ils sont entrés au mont Valérien, à Montrouge et à Issy et dans quelques autres forts ; les soldats français croyaient pouvoir emporter avec eux leurs armes et emmener les pièces dont ils se sont si vaillamment servi. Quand ils ont appris qu'il fallait abandonner les armes aux Prussiens, plusieurs les marins surtout, se sont mis à pleurer de rage, d'autres ont brisé fusils et baïonnettes, et il a fallu employer la gendarmerie pour faire sortir du mont Valérien des mobiles qui voulaient y résister jusqu'à la dernière extrémité.

A quoi cela aurait-il conduit ?

Tous sont sortis et par toutes les portes à la fois refluent vers Paris une foule de soldats sans armes, sombres, osant à peine lever la tête et cheminant sans ordre, deux par deux, quatre par quatre, désarmés et silencieux.

Si Paris succombe, ce n'est pourtant pas leur faute, car eux du moins n'ont jamais failli à leur devoir, et par les prodiges qu'ils ont accomplis ont, à force de courage, ennobli les derniers instants d'une défense devenue impossible.

Un ballon part encore cette nuit, ce sera probablement le dernier ; je lui confie une lettre pour Lyon, car qui sait quand les postes et le télégraphe pourront fonctionner ?

Je n'y parle pas de la capitulation ; hélas ! à quoi bon ? La France entière doit à l'heure qu'il est en connaître l'existence ; c'est bien assez que j'y annonce la maladie de Georges, afin que M. Schültz puisse, dès que les communications seront rétablies, venir le voir et s'il est possible, l'emmener.

Son état est trop grave pour que je puisse songer à partir seule avec lui. La reddition de Paris n'a pas peu contribué à l'abattre dans un moment où il aurait besoin de toutes ses forces. Le régime alimentaire auquel nous sommes condamnés pour sept ou huit jours, est aussi peu propre à les lui rendre ; il aurait besoin d'une bonne nourriture, du grand air, de distractions et ne peut pas aller les chercher. C'est désespérant.

30 *janvier*.

L'aspect de la ville est plus triste que jamais, le silence plus profond, le pain plus noir.

Soldats, marins et mobiles continuent à rentrer, chez eux la colère a fait place à l'abattement; on dirait ces troupeaux de captifs que les conquérants de l'antiquité poussaient devant eux pâles et désarmés.

C'est un défilé incessant, immense ! De quelles formidables lignes les Prussiens avaient-ils donc entouré Paris pour qu'avec tant de soldats nous n'ayons pas pu briser le cercle qui nous étreignait ?

Oh ! si nous voulions faire un retour sur nous-mêmes, comme il nous serait facile de reconnaître la cause de nos malheurs ! Hélas ! cette cause c'est nous, rien que nous; nos défaites incompréhensibles autrement ne sont qu'une juste punition de nos fautes.

Le doigt de Dieu est là.

31 *janvier*.

Pas de mieux sensible, les nuits sont particulièrement fiévreuses, notre cher malade ne fait que s'agiter et prononcer des paroles incohérentes parmi lesquelles celles de En avant! France, Notre-Dame des Victoires, reviennent à chaque instant.

Louise est venue me voir; son mari est toujours en prison; la population retourne dans les maisons abandonnées; elle-même a quitté l'asile du Panthéon. Quelques vivres commencent à arriver, mais si peu qu'il ne vaut pas la peine d'en parler.

3 *février*.

Nuit meilleure, notre cher malade a un peu dormi, il en avait bien besoin. Bon espoir.

La santé morale de Paris laisse au contraire beaucoup à désirer; les soldats et ceux que l'on fait aux vrais ouvriers l'insulte d'appeler le peuple, fraternisent beaucoup trop dans les cabarets; la discipline n'y gagnera pas assurément et Dieu sait pourtant si l'armée en aurait besoin. Cette triste fraternisation et l'excitation produite par les élections qui se préparent font craindre quelque crise abominable qui pourrait bien se terminer par cette Commune dont nous menace sans cesse le parti du désordre.

10 *février*.

Georges commence à entrer en convalescence, mais il est si faible, si faible, qu'à peine s'il peut soulever sa main; dans quelques jours, si mon père arrive, nous pourrons transporter notre cher malade dans une chambre où il sera mieux qu'ici, non pas pour les soins, car il est impossible d'avoir de meilleurs infirmiers que les Frères, mais pour l'air qui, malgré toutes les précautions, ne peut jamais être bien pur dans une ambulance aussi encombrée.

Malheureusement les nouvelles n'arrivent pas encore ou du moins arrivent si lentement que nous n'avons rien reçu. Dieu sait si mes lettres sont parvenues à Lyon. Par ce temps de trouble et de malheurs publics, on ne sait rien de ce qui se passe.

Le rationnement du pain a cessé aujourd'hui.

12 *février*.

Rien de nouveau, et toujours pas de nouvelles si ce n'est des élections qui sont détestables à Paris. Pauvre Paris, tu n'as donc pas assez souffert, que tu veuilles ajouter aux malheurs de la guerre étrangère les horreurs de la guerre civile.

La mauvaise presse qu'on a eu le tort de ne pas museler pousse autant qu'elle le peut à l'émeute et met la désunion entre tous les partis par ses impudents mensonges. Aujourd'hui, sous prétexte de patriotisme, tous les journaux ultra-républicains, c'est-à-dire représentant le parti qui a toujours refusé de se battre, sont unanimes à déblatérer contre l'armistice. A les en croire, ils voulaient la guerre à outrance ; si le gouvernement eût décidé de continuer la guerre, ils auraient réclamé la paix.

A dire vrai, leur seul but est de brouiller les cartes et de tenir la société dans un état de perturbation qui leur permette de pêcher en eau trouble.

En attendant, voici les halles qui ne sont plus approvisionnées ; le peuple, toujours le même peuple des émeutes, s'est jeté sur les arrivages de poissons et de légumes, d'œufs et de beurre ; tout a été enlevé, gâté, gaspillé, perdu. Personne, pas même les pillards, n'a profité de ce vol ; mais le lendemain rien n'est arrivé et comme toujours c'est la population honnête qui pâtit des excès de la canaille.

Tout n'est pas fini encore, et à présent que la paresse est organisée et la violence armée nous devons nous attendre à bien d'autres secousses. Pas plus tard qu'aujourd'hui on vient de découvrir une fabrique clandestine de bombes infernales dont on a saisi six mille de divers modèles. C'est bien le cas de dire que nous marchons sur un volcan.

16 *février.*

Enfin une lettre de M. Schültz; il arrivera dans deux ou trois jours au plus tard avec son fidèle Guillaume. Dieu soit loué!

Georges est au bonheur; j'espère que la joie que lui cause l'attente de la venue prochaine de son père hâtera sa guérison qui marche bien lentement, et le forcera à penser à autre chose qu'à nos hontes et à nos malheurs.

Hélas! chaque jour qui passe, chaque bruit du dehors que nous apportent soit les lettres soit les journaux, prouve à quel point la paix était pour nous une nécessité impérieuse.

23 *février.*

Ce n'est qu'hier que M. Schültz est enfin arrivé. Combien il est changé, maigri, vieilli! Ses cheveux ont blanchi et sa haute taille s'est courbée; il porte sur son noble front le sceau de la tristesse résignée.

L'entrevue entre le père et le fils a été touchante; ils se sont tenus embrassés en pleurant, et sans dire une parole.

Puis M. Schültz s'est relevé, a montré le ciel et a murmuré ces trois mots :

Nous le méritions.

Notre bon docteur craignait pour son malade une émotion trop forte; il a abrégé cette première visite, mais Georges n'en a pas moins eu un redoublement de fièvre.

Ce matin il va mieux et la première émotion passée, la présence de son père ne pourra lui faire que beaucoup de bien.

28 *février*.

Que l'horizon est sombre! quel nuage de honte et de douleur pèse sur Paris! quels nouveaux orages s'amoncèlent sur nos têtes!

La paix est signée.

Quelle paix!

La terre qui nous a vu naître, la vaillante Alsace, la Lorraine sa sœur, Strasbourg la martyre, Metz l'imprenable, Sainte-Marie, notre si chère Sainte-Marie, tous les champs arrosés du sang de nos soldats, de nos amis, de nos parents, ont cessé d'être français, je veux dire d'appartenir à la France.

La main impie des Allemands a déchiré ce manteau d'honneur semé de fleurs de lis dont chaque département avait été successivement ajouté au royaume de France par les rois très-chrétiens.

Ceci n'est pas une défaite, c'est une punition. La fille aînée de l'Eglise a connu des jours d'orgueil dont il faut qu'elle soit punie par des jours d'humiliation.

Elle a laissé dépouiller par des voleurs sa mère l'Église et des voleurs l'ont dépouillée à son tour.

Elle avait reçu une épée pour défendre la papauté, elle ne s'en est pas servie et Dieu a brisé cette épée afin qu'elle ne pût pas se défendre elle-même.

Napoléon a vu les trames qui s'ourdissaient contre le Saint-Siége et il s'est contenté de détourner la tête en disant aux assassins : Faites vite.

Dieu alors a jeté un bandeau sur ses yeux pour qu'il ne vît pas d'autres assassins qui se préparaient dans l'ombre et qui ont fait plus vite encore.

Le jour où les derniers soldats de la France abandonnaient Rome, leurs frères d'armes tombaient à Reischoffen.

Les Italiens sont aujourd'hui maîtres de Rome; les Prussiens entreront à Paris DEMAIN.

Quelle leçon, mais quelle honte!

Si du moins leçon et honte servaient à quelque chose; mais il semble que c'est tout le contraire qui a lieu. Sous prétexte de patriotisme, tout est prétexte pour ces scélérats; les bandits de Belleville protestent contre l'entrée des Prussiens; ils veulent, disent-ils, marcher contre eux, mourir en combattant, sauver la République, et, pour arriver à ce but, ils promènent dans Paris leur torchon sanglant qui, à l'heure qu'il est, flotte au sommet de la colonne de Juillet.

Hier ils ont assassiné hideusement un malheureux sergent de ville, et de ma chambre j'entends les sanglants refrains de la *Marseillaise*, hurlés par ces bandits pris de vin et qui ne cherchent qu'à nous piller et nous égorger.

3 *mars*.

Une fois au moins Paris a su être digne. Ce jour, c'est celui où les Prussiens sont entrés. Entrés n'est pas le mot, on leur a donné la permission de descendre les Champs-Elysées jusqu'à la place de la Concorde et de remonter par le quai jusqu'au Champ de Mars.

Des drapeaux noirs en berne aux balcons sous lesquels ils passaient ont seuls assisté à ce funèbre triomphe; autour d'eux ils n'ont rencontré que le vide; le bruit de leurs pas retentissait sur la chaussée comme celui d'une procession sur les dalles d'un tombeau. Les fenêtres étaient closes, les magasins fermés, les trottoirs déserts. Paris avait volontairement suspendu sa vie. Ils se sont promenés dans le vide, mais leur promenade a dû néanmoins leur rappeler que les vaincus d'aujourd'hui ont été et peuvent être encore les vainqueurs.

Pour entrer dans Paris, ils ont passé sous l'arc de l'Etoile, où ils ont du lire gravés dans le marbre les noms d'Austerlitz et d'Iéna; de loin, en descendant les Champs-Elysées, ils ont pu saluer celui qui longtemps fut leur maître, Napoléon, qui les regardait passer du haut d'une colonne fondue avec leurs canons, et se rappeler en passant devant les Invalides qu'au moment même où ils défilaient triomphants, des étendards qui furent les leurs, flottaient suspendus aux voûtes de la chapelle, où des mains victorieuses les avaient attachés.

Et maintenant les soldats de Guillaume sont repartis.

La marée boueuse des barbares commence à baisser; quelques années encore, elle pourra bien submerger une partie de notre territoire, mais le jour de la libération viendra, et ce jour-là, comme aujourd'hui à Paris autour de l'arc de l'Etoile nous balayerons la poussière pour faire disparaître jusqu'à la dernière trace de leurs pas, et nous allumerons des feux de joie pour purifier l'air qu'ils auront respiré.

Ce matin, quand on est venu nous annoncer que leur dernier soldat avait franchi la grille de nos barrières, il nous a semblé qu'on nous enlevait un poids énorme de dessus la poitrine, et nous nous sommes serré la main en disant :

Prions et espérons.

—Et vengeons-nous, a ajouté Guillaume, moi je ne les tiens pas pour quittes.

FIN.

Angers.— Imp. de Lainé frères, rue Saint-Laud 9.

CH. BLÉRIOT, LIBRAIRE-ÉDITEUR

55, QUAI DES GRANDS-AUGUSTINS, 55, A PARIS

BIBLIOTHÈQUE CHOISIE

BIBLIOTHÈQUE USUELLE DES VILLES & DES CAMPAGNES

BIBLIOTHÈQUE CHOISIE.

Cette collection ne comprend que des ouvrages irréprochables, aussi variés qu'intéressants, et qu'on peut faire circuler au sein de la famille.

LES CAMISARDS, suivis des CADETS DE LA CROIX, par A. de Lamothe. — 3 vol. in-18 jésus illustrés, 6 fr.

LES FAUCHEURS DE LA MORT, par le même. — 2 vol. in-18 jésus illustrés, 4 fr.

LES MARTYRS DE LA SIBÉRIE, par le même. — 4 vol. in-18 jésus illustrés, 8 fr.

MARPHA, par le même. — 2 vol. in-18 jésus. 4 fr.

HISTOIRE D'UNE PIPE, par le même. — 2 vol. in-18 jésus illustrés, 4 fr.

LES SOIRÉES DE CONSTANTINOPLE, par le même. — 1 vol. in-18 jésus, 2 fr. 50.

HISTOIRE POPULAIRE DE LA PRUSSE, par le même. — 1 vol. in-18, 1.50.

LES MYSTÈRES DE MACHECOUL, par le même. — 1 vol. in-18 jésus. 2 fr.

LE GAILLARD D'ARRIÈRE DE LA GALATHÉE par le même. — 1 vol. in-18 jésus. 2 f.

LÉGENDES DE TOUS PAYS. Les animaux, par le même. — 1 vol. in-18 jésus orné de 100 gravures, 3 fr.

MÉMOIRES D'UN DÉPORTÉ A LA GUYANE FRANÇAISE, par le même, 1 vol. in-18, 60 c.

LA FÉE DES SABLES, par le même. — 1 vol. in-18 illustré, 60 c.

L'ORPHELINE DE JAUMONT, par le même. — 1 fort volume in-18 jésus. 3 fr.

LE TAUREAU DES VOSGES, par le même. — 1 fort volume, in-18 jésus.

AVENTURES D'UN ALSACIEN PRISONNIER EN ALLEMAGNE, par le même. — 1 fort vol. in-18 jésus.

DÉFAUTS ET VERTUS DE L'ENFANCE, douze contes pour les enfants, illustrés de douze gravures, par Mme Testas. — 1 beau volume in-12, 2 fr.

L'ASILE DU QUAI D'ANJOU, contes, par Mme Marie-Félicie Testas, — 1 vol. in-12, 2 fr.

RÉCITS DE M. JEAN ANTOINE, par Mme Testas. — 1 vol. in-12, 2 fr.

LA MARQUISE SATIN-VERT ET SA FEMME DE CHAMBRE ROSETTE, par Mme la baronne E. Martineau des Chesnez. — 1 très-beau vol. in-12, 2 fr. 50 c.

ANTOINETTE DE MONTJOIE, par Marcel Tissot. — 1 vol. in-12, 2 fr. 50 c.

LE MANOIR ET LE MONASTÈRE, par Marcel Tissot. — 1 vol. in-12, 3 fr.

LA PRINCESSE JEANNE GABRIELLE ESTERHAZY, par Marcel Tissot. — 1 vol. in-12. 2.50.

HUGUES DE RATHSAMHAUSEN. Episode de la guerre des rustauds en Alsace, par Maurice de Régel. — 1 vol. in-12, 2 fr.

MADAME AGNÈS. Deuxième édition, par Charles Dubois. — 1 vol. in-12. 2 fr.

VIE DU PÈRE LEJEUNE DE L'ORATOIRE surnommé le MODERNE APOTRE DU LIMOUSIN, par Jean Grange, in-12. — 1 fr. 50.

PETITES ÉTUDES SUR LES LIVRES SAINTS, par l'abbé David. — 2 fr.

ANNUAIRE DES ŒUVRES DE JEUNESSE ET DE PATRONAGE, pouvant servir de méthode de direction. — 2 vol. 6 fr.

MÉTHODE DE DIRECTION DES ŒUVRES DE JEUNESSE, par l'abbé Timon David. — 1 vol in-8°. 5 fr.

MONARCHIE ET LIBERTÉ, par M. le baron de Fontarèches, ouvrage honoré des félicitations du Saint-Père. — In-12, 2 fr. 50 c.

UN MANUSCRIT INÉDIT D'ISABELLE, infante de Parme, archiduchesse d'Autriche, 1763. — in-12, 1 fr. 50.

YVO, le fils du charpentier, ou la VOCATION MANQUÉE, conte ravissant de la Forêt-Noire, par le docteur Perrot, très-gros volume. — 2 fr.

LETTRES D'UN VIEUX LABOUREUR, par Vaudoré, anç. député. — 1 fr.

NOUVELLES : LE CHRIST DU DORTOIR. — LES GANTS DE LA MENDIANTE. — L'ORME DE DOMPTIN. — UNE AME DU PURGATOIRE. — par Venet, 3 fr.

L'OUVRIER A L'EXPOSITION UNIVERSELLE, par Henry de Riancey. — 1 vol. in-12, 1 fr. 50.

HISTOIRE COMPLÈTE DE LA POLOGNE, depuis ses origines jusqu'à nos jours, par C.-F. Chevé. — 2 vol., 4 fr.

LA LÉGENDE D'ALI, suivie d'ATHANATOPOLIS, par Eugène de Margerie. — 1 vol., 2 fr.

RÉMINISCENCES D'UN VIEUX TOURISTE, par Eugène de Margerie. — 1 vol., 2 fr.

LES MISÉRABLES D'AUTREFOIS, par Maurice Leprévost. — 1 v. 2 fr.

HISTOIRES POUR TOUS, par Mlle Zénaïde Fleuriot, (Anna Edianez). — 1 vol. 2 fr.

ENTRETIENS POPULAIRES SUR L'HISTOIRE DE FRANCE, par Blanchet, vigneron à Saint-Julien-du-Sault, revus par A. Labutte. — 1 vol., 2 fr.

ÉTUDES HISTORIQUES POUR LA DÉFENSE DE L'ÉGLISE, par Léon Gautier. — 1 vol., 2 fr.

L'HÉRITIER DU MANDARIN, suivi de M'SSIEU QUANTOIS, par Henri Vrignault (Urbain Didier). — 1 vol., 2 fr.

JOSEPH RÉGNIER, par Henri Vrignault (Urbain Didier), 1 vol., 2 fr.

BAS LES MASQUES, par Jean Loyseau. — 1 vol., 2 fr.

ROSE JOURDAIN (Orages de la Mère noire, Rusé III), par Jean Loyseau. — 2 vol., 4 fr.

LES BONS APOTRES, par Jean Loyseau. — 1 vol. 2 fr.

MÉMORIAL DE LA VIE CHRÉTIENNE, par Dupont. — 1 vol., 2 fr.

LES PHILOSOPHES CONVERTIS. Étude de mœurs au XIX siècle. — 1 vol., 3 fr.

ÉLÉMENTS DE PHYSIQUE ET DE MÉCANIQUE, par Louis Gossin. — 1 vol. in-12 illustré. 1 fr. 50.

ÉLÉMENTS D'HISTOIRE NATURELLE. — Zoologie, botanique, minéralogie, géologie, par Louis Gossin. — 1 vol. in-12 illustré. 2 fr.

ÉLÉMENTS DE CHIMIE, par Masure. — 1 vol. in-12 illustré. 3 fr.

LA DERNIÈRE ANNÉE D'UN JEUNE CLERC élève du grand séminaire de Blois. — in-12, 0 fr. 60.

LE GRAND PROBLÈME SOCIAL DU JOUR devant l'admirable PROPHÉTIE D'ORVAL, exposée dans son origine, son authenticité et son interprétation. — 1 vol. in-18 jésus. 1 fr. 60.

ALMANACH DU GRAND PROPHÈTE NOSTRADAMUS, 1872, par l'abbé Torné-Chavigny. — in-18. 0 fr. 75.

PROPHÉTIES D'OLIVARIUS ET D'ORVAL, interprétées par leur auteur Nostradamus, le grand prophète. — Recherches et commentaire par l'abbé Torné-Chavigny. — in-8. 1.50.

QUELQUES PENSÉES POUR LES JEUNES GENS, par M. l'abbé Fréd. Godineau. — 1 très-beau vol. in-16. 2 fr.

Angers.—Imp. de Lainé frères, rue Saint-Laud, 9.

BIBLIOTHEQUE NATIONALE DE FRANCE
3 7531 00291002 5

www.ingramcontent.com/pod-product-compliance
Ingram Content Group UK Ltd.
Pitfield, Milton Keynes, MK11 3LW, UK
UKHW022059190726
13855UKWH00002B/554

9 782013 365017